财务报表分析与企业经营决策大全

李亚轩◎编著

台海出版社

图书在版编目（CIP）数据

财务报表分析与企业经营决策大全 / 李亚轩编著．—北京：台海出版社，2020.8

ISBN 978-7-5168-2661-4

Ⅰ．①财… Ⅱ．①李… Ⅲ．①会计报表－会计分析②企业管理－经营决策 Ⅳ．① F231.5 ② F272.31

中国版本图书馆 CIP 数据核字（2020）第 126017 号

财务报表分析与企业经营决策大全

编　　著：李亚轩

出 版 人：蔡　旭　　封面设计：仙　境

责任编辑：王　萍

出版发行：台海出版社

地　　址：北京市东城区景山东街20号　　邮政编码：100009

电　　话：010-64041652（发行、邮购）

传　　真：010-84045799（总编室）

网　　址：www.taimeng.org.cn/thcbs/default.htm

E-mail：thcbs@126.com

经　　销：全国各地新华书店

印　　刷：天津旭非印刷有限公司

本书如有破损、缺页、装订错误，请与本社联系调换

开　　本：880毫米×1230毫米　1/32

字　　数：267千字　　印　　张：8.5

版　　次：2020年8月第1版　　印　　次：2020年8月第1次印刷

书　　号：ISBN 978-7-5168-2661-4

定　　价：68.00元

前 言

Foreword

如何通过把控企业财务确保企业稳妥运转？掌握财务报表是关键！本书以公司、企业最常用的财务报表为基础，摒弃繁杂的专业术语，用浅显易懂的语言讲解财务报表分析的实用方法和技巧，同时选取实战案例加深读者对分析方法的理解。

本书能给读者带来什么?

本书全面地介绍了常用财务报表的内涵和外延，既可以帮助企业管理者快速掌握报表知识，也可以为决策者分析财务报表提供翔实的操作规范。

读懂本书后，读者就掌握利润表、资产负债表、现金流量表、所有者权益变动表的相关知识，在工作中独立完成报表制作、报表分析、报表更正、报表输出等工作。

在本书中特别设有经典示例版块，都是会计工作中可能出现或已发生的案例，用以增加阅读的趣味性。

在每一个小节的末尾，设置有专家解读模块，能够让您对本书的内容精髓有更深的印象。

本书写给谁阅读？

本书适合会计和出纳、企业管理者和决策者、财务部门主管以及对财务报表感兴趣的工作者作为案头工具书使用。通过本书，读者将学到大量关于账簿登记、表格制作、财报分析的相关知识，再加上和实践结合，肯定能在短期内对公司财务制度运行有足够的了解和应用。

尽管作者对书中的解释、案例精益求精，但疏漏之处仍然在所难免。如果您发现书中的错误或某个案例有更好的解决方案，请与我们联系，能让我们在下次出版更好的作品。

再次感谢您的支持！

本书阅读说明

《财务报表分析与企业经营决策大全》是一本专门为对财务工作感兴趣的读者量身打造的通俗读物，全书共分为9章。为了能让读者由浅入深、简单明了地掌握财务工作需要的这部分基本知识，也为了节省读者的宝贵时间，本书在内容上尽量将专业的知识通俗化，以常识的角度来阐述高深的理论。

书名

财务报表分析与企业经营决策大全

标题

每章都包括若干个标题，揭示该章要学习的知识。

分析财务报表的目的

关键词

本节内容的重点荟萃。

关键词：分析　债权人

分析：将研究对象的整体分为各个部分、方面、因素和层次，并分别加以考察的认识活动，其特点是从细节处发现真相。

债权人：债务关系中，有权利要求债务人实施一定行为或者不实施一定行为的行为主体。

经典示例

发生过并且可能再次发生的趣味小故事。

经典示例

优秀的经济学家不一定是一个好老板。大经济学家去炒股，肯定把公司的报表分析得透彻，往往被里面所蕴含的风险吓到。

老板对于一个企业的经营方向和经营成果有着决定性的作用，因此，老板分析财务报表的目的主要是帮助企业做出有效的经营决策。如企业一段时间内的经营业绩如何；通过财务报表分析企业的资金结构、偿还能力、获利能力等指标，分析企业是否需要调整资本结构，以便了解企业的经营效益；通过过去的经营数据，预测企业未来的盈利情况并制订未来的盈利目标。

投资者分析财务报表是为了保证其所投入的资金的安全和收益有保障。

因此，在进行投资决策时，需要对企业的财务报表进行仔细分析。投资者分析财务报表的主要目的是了解企业的盈利能力和发展能力，了解企业的经营成果，了解企业票价格变动以及分红情况，企业未来发展前景如何，是否投资或增加、减少投资金额等。

在阅读页面上，完全采用简单清楚的学习化界面，配合图解来辅助解释复杂的概念。此外，还加上了趣味盎然的经典示例版块，能让人加深印象的专家点评版块。阅读本书就成了一种享受。掌握本书的内容，就能迅速进入工作角色。

第1章　掌握财务报表才能更好地创业

章名

对本章中各节内容的主题概括。

债权人分析财务报表的目的主要是分析企业的资金实力、企业的盈利能力、借出去的资金能否如期收回本金和利息，以及是否该给企业贷款或继续给企业贷款。

债权人一般是指银行或其他金融机构等贷款给企业的一方。债权人借钱给企业是为了到期能收回本金和利息。企业的经营业绩会直接影响到企业的债务偿还情况。因此，债权人在决定是否贷款给企业时，就需要对企业的偿债能力进行评价和分析，以保证债款的安全。

分析财务报表的目的

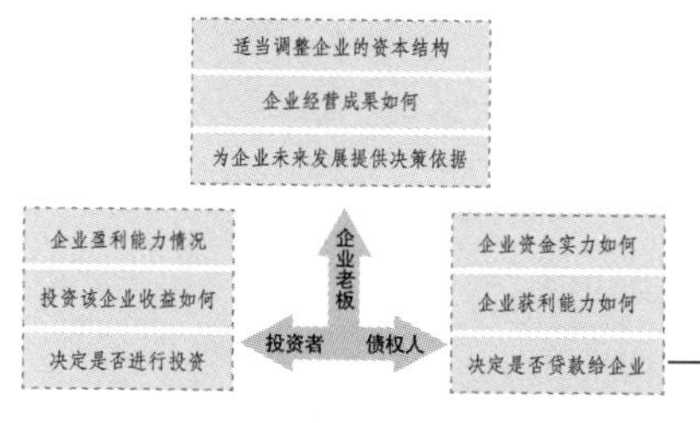

图解

为了让读者可以一目了然地理解书中概念，本书运用逻辑拆解法将概念间的关系做成图表分析的形式。

专家点评

不同的报表使用对象，会对财务报表分析的目的有所不同，但主要是围绕以下几个方面分析：企业的财务状况、经营成果、偿债能力以及企业未来的经营前景等。

P 021

专家点评

对本节内容的难点、重点或趣味点做评论。

目 录

Contents

第1章

掌握财务报表才能更好地创业

第2章

从公司利润表看经营

第3章

认识资产负债表

第4章

从现金流量表看企业的近期经营

第5章

从所有者权益变动表看利润分配

第6章
运用合并会计报表

第7章
如何进行财务分析

第8章

读懂财务附注和财产清查

第9章

财务报表的真实性鉴定

附录

第1章

掌握财务报表才能更好地创业

所谓财务报表，就是一家企业在近期内所有经营活动带来的经济数据的总括，也是对一家企业状态的全面理性反映。

掌握财务报表，才能深层次地把握到一家企业已经发生了什么事，正在发生什么事，将要发生什么事。创业者作为企业的管理阶层，只有在充分掌握了财务报表的情况下，才可以做出判断，做出决策。

什么是财务报表

关键词：财务报表　财务报表附注

财务报表：是指企业或其他会计主体对外提供的反映企业财务状况和经营成果的会计报表。

财务报表附注：是财务报表的补充说明，便于报表使用者更详细地理解企业财务和经营情况。

经典示例

沃伦·巴菲特是著名的股市投资大师，他在谈到自己的投资经验说："收集大量的财务报表，从中发现这家企业的潜力。"真正的经济研究者，可以从企业的财务报表中看出企业面临的问题，也可以看出它未来的发展方向。当然作为初学者很难达到这个高度，不过原理一样，了解财务报表，无论是投资还是筹资都能更加顺利。

财务报表也称会计报表，是反映企业某一特定时期的财务状况、经营成果、现金流量情况的会计报表。它是根据企业日常经营活动的会计核算资料，按一定的格式、内容和方法定期编制的，综合、系统、简明扼要地反映经济活动的全貌。财务报表包括资产负债表、利润表、现金流量表、股东权益变动表、附表以及附注。财务报表是财务报告的主要部分，附表或附注是对所属的主表的补充说明。

财务报表按其报送的对象不同，又分为对外报表和对内报表。对外报表即指三大财务报表和相关附表，是向所有者、债权人、税务部门等外部使用者披露的会计报表。对内报表是相对于对外报表而言的，主要是为方便企业内部核算或记录，供内部查账用的，如原材料明细表、固定资产明细表等。

财务报表的作用主要表现在以下四个方面：

会计报表主要反映企业的经营成果、财务状况和现金流量等企业经营情况，是企业经营者了解经营情况，以及进行经营管理和决策的重要信息依据；会计报表是企业的债权人和股东了解其投资成果和进行投资决策的依据，债权人以此作为是否融资给企业的根据，股东以此决定是否继续持有公司股票；管理者对企业的经营方式和经营方向的判断依据；也是财税部门、银行和审计部门对企业进行检查和监督的资料依据。

财务报表的作用

其一	企业经营者了解经营情况，以及进行经营管理和决策的重要信息依据
其二	是企业的债权人和股东了解其投资成果和进行投资决策的依据
其三	是管理者对企业的经营方式和经营方向的判断依据
其四	是财税部门、银行和审计部门对企业进行检查和监督的资料依据

专家点评

广义的财务报表是指除了三大报表，还包括三大报表数据相关的财务报表附注，如固定资产折旧明细表、存货明细表等。

主要有什么报表

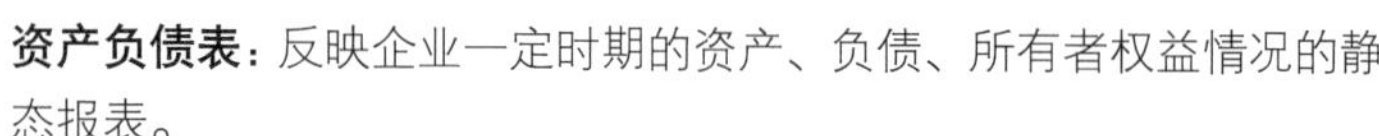

关键词：资产负债表　利润表　现金流量表　所有者权益表　财务报表附注

资产负债表：反映企业一定时期的资产、负债、所有者权益情况的静态报表。

利润表：反映企业某一时期的财务状况和经营成果的动态报表。

现金流量表：反映企业某一时期现金或现金等价物的流入与流出情况。

所有者权益变动表：反映企业某一时期所有者权益构成项目的增减变动情况。

财务报表附注：一般包括企业的基本情况、财务报表编制基础、遵循企业会计准则的声明、重要会计政策和会计估计、会计政策和会计估计变更及差错更正的说明和重要报表项目的说明。

常用的财务报表共有四种。

1．现金流量表

现金流量表是反映企业在某一时期现金和现金等价物流入和流出的财务报表。在企业的经营过程中，现金流对企业的生存和发展有着非常重要的影响。企业必须保证维持企业日常经营所需的现金，才能维持企业生产经营正常运转。如企业通过购买生产材料、发放职工工资、偿还债务和利息费用等支出才能生产商品，然后通过商品的销售给企业创造利润收益，现金是企业创造价值的前提条件，任何企业的正常运转都离不开现金的支撑。

通过现金流量表，可以观察企业现金的来源和去处。

企业是否有足够的现金维持日常支出？

企业现金有多少是通过经营活动产生？

有多少是通过投资活动产生？

现金流量表

编制单位：北京××有限公司　2019年10月　单位：元

项　　　目	行次	金　额
一、经营活动产生的现金流量		
销售商品、提供劳务收到的现金	1	6 552 315 810
收到的税费返还	3	
收到的其他与经营活动有关的现金	8	–
现金流入小计	9	65 523 158.10
购买商品接受劳务支付的现金	10	40 624 358.02
支付给职工以及为职工支付的现金	12	32 980.00
支付的各项税费	13	–15 185.61
支付的其他与经营活动有关的现金	18	4 525 632.50
现金流出小计	20	45 167 784.92
经营活动产生的现金流量净额	21	20 355 373.18
二、投资活动产生的现金流量		
收回投资所收到的现金	22	–
取得投资收益所收到的现金	23	–
处置固定资产、无形资产和其他长期资产所收回的现金净额	25	–
收到的其他与投资活动有关的现金	28	–
现金流入小计	29	–
购建固定资产、无形资产和其他长期资产所支付的现金	30	–
投资所支付的现金	31	–
支付的其他与投资活动有关的现金	35	–
现金流出小计	36	–
投资活动产生的现金流量净额	37	–
三、筹资活动产生的现金流量		–
吸收投资所收到的现金	38	–
取得借款所收到的现金	40	–
收到的其他与筹资活动有关的现金	43	–
现金流入小计	44	–
偿还债务所支付的现金	45	–
分配股利、利润和偿付利息所支付的现金	46	302 530.00
支付的其他与筹资活动有关的现金	52	
现金流出小计	53	302 530.00
筹资活动产生的现金流量净额	54	–302 530.00
四、汇率变动对现金的影响	55	–
五、现金及现金等价物净增加额	56	20 052 843.18

制表人：张×　　　单位负责人：王×　　　主管会计：李×

专家点评

财务报表对于企业管理者而言，它是经营决策或调整策略的依据，是评价管理者管理效率的指标；对于投资者或债权人而言，可以通过财务报表了解企业各方面的经营情况以及发展前景，是进行投资和贷款的决策依据，所以说，财务报表就是企业的一面镜子。

企业当期收获的现金有多少？

2．利润表

利润表也称损益表，是反映企业在一定会计期间经营成果的报表。企业在一个会计期间，实现的利润情况如何，直接通过利润表呈现出来，也是企业经营能力、发展能力的重要体现。因此，它也是老板或投资者最关注的报表。利润是总收入减去总成本之后的余额，余额越大，表示企业的利润越大，余额为负数，表示亏损。利润是企业持续经营的前提。企业进行经济活动的目的是获得利润收益。利润越高的企业说明其经营效益越高，赚的钱越多；相反，企业的利润越低或是亏损，说明该企业经济不善，企业的效益低下。

利润表

北京××有限公司　　2019年10月　　单位：元

项　目	行次	本月发生额	本年累计数
一、主营业务收入	1	6 717 192.00	50 062 505.98
减：主营业务成本	2	3 358 596.00	27 294 646.24
主营业务税金及附加	3	486 996.42	3 538 828.56
二、主营业务利润（亏损以“–”填列）	4	2 871 599.58	19 229 031.18
减：销售费用	5	33 585.96	563 104.21
管理费用	6	346 174.10	2 146 682.36
财务费用	7	148 412.07	1 845 632.50
三、营业利润（亏损以“–”填列）	8	2 343 427.45	14 673 612.10
加：投资收益（损失以“–”填列）	9	–	–
营业外收入	10	–	3 500.00
减：营业外支出	11	–	44 266.11
四、利润总额（亏损以“–”填列）	12	2 343 427.45	14 632 845.99
减：所得税	13	201 515.76	1 126 565.53
五、净利润（净亏损以“–”填列）	14	2 141 911.69	13 506 280.47

制表人：张×　　单位负责人：王×　　主管会计：李×

通过利润表可以看出，企业在一定期间赚了多少钱？

投入了多少成本？

每股能赚多少钱？

企业投入产出量如何？

企业的经营效率高还是低？

企业盈利能力如何？

费用支出有没有过高？

3．所有者权益表

所有者权益变动表，反映一定期间内企业所有者权益的各项构成项目的增减变动情况，包括实收资本、资本公积、盈余公积、未分配利润项目。对于股份制企业来说，它是股东权益变动表，当企业盈余或股本增加，所有者权益也会相应增加，如企业发生亏损或向股东放发现金股利等情况，又会导致所有者权益减少。所有者权益变动在一定程度上体现了企业综合收益的情况。

通过所有者权益变动表，可以看出企业给股东分配利润的情况，股东获利了多少或损失了多少，员工分红情况，企业累计盈余公积有多少。

4．资产负债表

资产负债表又叫财务状况表，是反映企业某一时期财务状况的报表。包括资产、负债和所有者权益项目的增减变动情况。资产负债表是企业对外提供的报表之一，是报表使用者了解企业会计信息的渠道，以及做出投资决策的依据。

通过资产负债表，我们可以了解企业拥有或控制的经济资源情况，分析企业生产经营能力、企业的偿还能力、企业资本实力、资产盈利能力、企业有多少债务、投资者在企业总资产中所占的份额等会计信息。

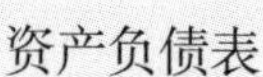

资产负债表

制表单位：北京××有限公司　　2019年12月31日　　单位：元

资产	2019年末	2019年初	增减金额	增减幅度
流动资产：				
货币资金	80 010.84	58 541.68	21 469.16	36.67%
结算备付金	157.38	322.87	−165.49	−51.26%
拆出资金	8 159.99	7 673.38	486.61	6.34%
交易性金融资产	5 080.27	4 902.99	177.28	3.62%
应收票据	2 035.35	2 248.51	−213.16	−9.48%
应收账款	29 200.98	29 648.39	−447.41	−1.51%
预付款项	3 824.67	3 586.41	238.26	6.64%
应收保费	132.57	130.53	2.04	1.56%
应收分保账款	49.29	39.68	9.61	24.22%
应收分保合同准备金	225.83	153.61	72.22	47.02%
应收利息	1 418.17	1 164.45	253.72	21.79%
其他应收款	2 105.18	2 089.24	15.94	0.76%
买入返售金融资产	14 485.48	13 262.57	1 222.91	9.22%
存货	17 464.04	15 191.70	2 272.34	14.96%
一年内到期的非流动资产	41.66	44.99	−3.33	−7.39%
其他流动资产	1 727.72	1 387.14	340.58	24.55%
流动资产合计	166 119.42	140 388.14	25 731.28	18.33%
非流动资产：				
发放贷款及垫款	169 231.87	144 840.79	24 391.08	16.84%
可供出售金融资产	34 583.74	32 117.21	2 466.53	7.68%
持有至到期投资	39 982.11	40 753.01	−770.90	−1.89%
长期应收款	270.48	184.95	85.53	46.24%
长期股权投资	5 056.07	4 190.19	865.88	20.66%
投资性房地产	1 180.29	1 030.46	149.83	14.54%
固定资产	42 374.15	38 478.82	3 895.33	10.12%
在建工程	10 168.34	7 395.53	2 772.81	37.49%
工程物资	757.58	484.26	273.32	56.44%
固定资产清理	20.02	17.98	2.04	11.39%
生产性生物资产	16.47	11.04	5.43	49.14%
油气资产	4 740.83	4 080.79	660.04	60.17%
无形资产	5 124.05	4 160.10	963.95	23.17%
开发支出	75.32	42.67	32.65	76.52%

资产	2019年末	2019年初	增减金额	增减幅度
商誉	690.28	376.62	313.66	83.28%
长期待摊费用	511.69	466.96	44.73	9.58%
递延所得税资产	1 414.66	841.20	573.46	68.17%
其他非流动资产	4 687.84	3 392.72	1 295.12	38.17%
非流动资产合计	320 885.79	282 865.30	38 020.49	13.44%
资产总计	487 005.21	423 253.44	63 751.77	15.06%
负债及所有者权益	2019年末	2019年初	增减金额	增减幅度
流动负债：				
短期借款	13 574.00	11 091.21	2 482.79	22.39%
向中央银行借款	556.02	505.39	50.63	10.02%
吸收存款及同业存放	306 439.54	256 988.68	49 450.86	19.24%
拆入资金	4 602.22	3 279.56	1 322.66	40.33%
交易性金融负债	1 099.90	1 256.02	−156.12	−12.43%
应付票据	3 001.31	2 471.36	529.95	21.44%
应付账款	11 064.40	10 134.12	930.28	9.18%
预收款项	6 218.15	5 748.26	469.89	8.17%
卖出回购金融资产款	3 634.08	7 671.29	−4 037.21	−52.63%
应付手续费及佣金	37.26	30.42	6.84	22.49%
应付职工薪酬	1 933.66	1 977.77	−44.11	−2.23%
应交税费	2 319.22	2 771.01	−451.79	−16.30%
应付利息	1 935.00	1 419.78	515.22	36.29%
其他应付款	4 742.27	4 760.73	−18.46	−0.39%
应付分保账款	58.33	42.76	15.57	36.41%
保险合同准备金	1 235.13	1 033.10	202.03	19.56%
代理买卖证券款	1 410.52	2 467.07	−1 056.55	−42.83%
代理承销证券款	0.47	0.51	−0.04	−8.31%
一年内到期的非流动负债	2 662.27	2 096.75	565.52	26.97%
其他流动负债	3 539.06	2 887.18	651.88	22.58%
流动负债合计	370 062.81	318 632.97	51 429.84	16.14%
非流动负债：				
长期借款	12 119.75	10 009.69	2 110.06	21.08%
应付债券	5 215.01	3 936.12	1 278.89	32.49%
长期应付款	994.02	799.05	194.97	24.40%
专项应付款	104.72	92.85	11.87	12.78%
预计负债	426.13	339.69	86.44	25.45%
递延所得税负债	594.75	1 120.74	−525.99	−46.93%
其他非流动负债	20 227.24	1 6804.96	3 422.28	20.36%
非流动负债合计	39 681.62	33 103.10	6 578.52	19.87%
负债合计	409 744.43	351 736.07	58 008.36	16.49%

制表人：张×　　单位负责人：王×　　主管会计：李×

所有者权益（股东权益）变动表

编制单位：北京××有限公司　　2019年度　　单位：元

项　目	本期金额					
	实收资本(或股本)	资本公积	库存股（减项）	盈余公积	未分配利润	所有者权益合计
一、上年年末余额	1 196.47	2 933.72		1 197.96	390.37	5 718.52
加：会计政策变更						
前期差错更正						
二、本年年初余额	1 196.47	2 933.72		1 197.96	390.37	5 718.52
三、本年增减变动金额（减少以“–”号填列）						
（一）净利润					239.13	239.13
（二）直接计入所有者权益的利得和损失						
1. 可供出售金融资产公允价值变动净额						
2. 权益法下被投资单位其他所有者权益变动的影响						
3. 与计入所有者权益项目相关的所得税影响						
4. 其他						
上述（一）和（二）小计						
（三）所有者投入和减少资本						
1. 所有者投入资本						
2. 股份支付计入所有者权益的金额						
3. 其他						
（四）利润分配						
1. 提取盈余公积				125.18	125.18	0.00
2. 对所有者（或股东）的分配					358.94	358.94
3. 其他						
（五）所有者权益内部结转						
1. 资本公积转增资本（或股本）						
2. 盈余公积转增资本（或股本）						
3. 盈余公积弥补亏损						
4. 其他						
四、本年年末余额	1 196.47	2 933.72		1 323.14	145.37	5 598.70

制表人：张×　　单位负责人：王×　　主管会计：李×

财务报表的作用

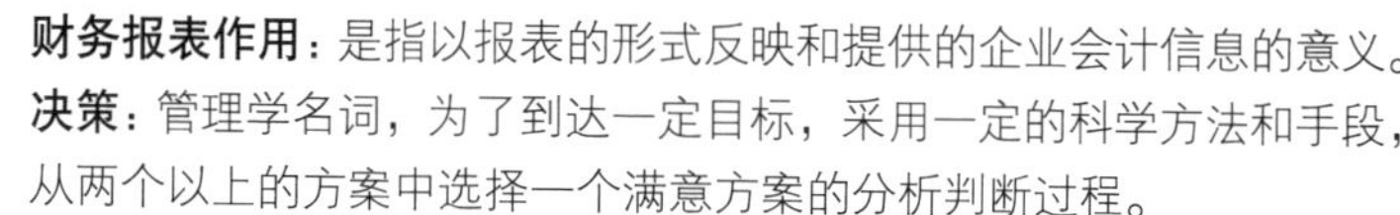

关键词：财务报表作用

财务报表作用：是指以报表的形式反映和提供的企业会计信息的意义。

决策：管理学名词，为了到达一定目标，采用一定的科学方法和手段，从两个以上的方案中选择一个满意方案的分析判断过程。

财务报表是投资者做投资决策的依据。投资者做投资决策时，通过企业的财务报表可以了解企业的盈利能力、财务状况、利润分配政策等企业信息，从而帮助投资者做出正确的投资决策。

企业盈利能力指标

通过企业的财务报表提供的成本、收入等信息，计算出企业的资产报酬率、股东权益报酬率及销售净利率等财务比率指标。通常这些财务指标越高，说明该企业的盈利能力越强。

可以通过财报判断企业偿还债务的能力。企业的偿还能力是评价企业经营能力的一个非常重要的指标，无论是经营者还是投资者，都十分注重企业的偿债能力，财务报表提供的数据和信息，通过计算财务比率，可以反映企业短期和长期的偿债能力。

判断企业的盈利能力的依据。企业的获利能力是指企业的赚钱能力，这是企业老板、投资者、债权人等相关者最为关心的问题。它反映一个企业的实力、经营能力以及生存发展能力。

财务报表的作用

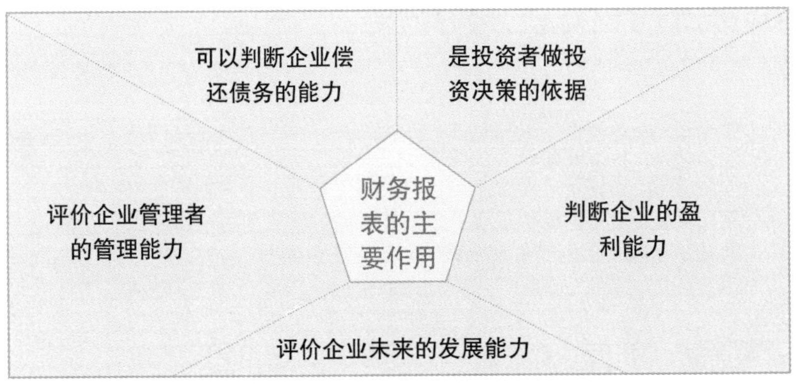

评价企业管理者的管理能力的依据。老板判断自己的企业经营情况如何，可以通过企业资源是否有效利用，资本运营、资金周转的速度，以及业绩是否达成公司的经营目标来实现。这些都是可以通过财务报表透露和反映出来的。

通过财报可以评价企业未来的发展能力。财务报表反映的是企业一定期间内的经营成果和财务状况等情况。企业经营成果越好，说明企业盈利能力、偿还能力以及发展潜力越好。而这些都可以通过财务报表和其他财务资料对企业进行评估。通过一段期间的经营情况，可以预测企业将来的经营前景，从而为企业制定未来经营发展目标的经济决策。

专家点评

财务比率是指以财务报表中的数据为依据，将两个相关的数据相除，计算出比率值，从而对企业各种指标与同行的平均值或是企业前期的数值进行比较的经营指标。

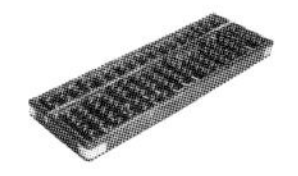

编制财务报表的步骤

关键词：原始凭证　记账凭证

原始凭证：是指在经济业务发生时填制的最初的书面证明。

记账凭证：是根据审核无误的原始凭证，按经济业务的类型进行整理归类，并确定会计分录填制的会计凭证。

经典示例

财务报表报送的常用方法是通过网上报送，网上报送主要是通过登录当地税务局网站进行网上提交。

从前文可知，财务报表对企业来说意义重大，因此其制作、输出极为重要。因此，需要每一个会计期间终了时，通常是以月份、季度、年度为一个会计期间，由企业的财务会计人员进行编制，并对外报送。企业财务会计工作人员必需按照国家会计制度相关规定，对企业某一期间所发生的经济业务进行记录、分类、汇总、核算、登记账簿，最终形成财务报表，通过对外报送财务报表，向外界呈现企业当期的经济活动情况。

财务报表编制的基本流程可以分为五个基本步骤：

第一步，审核原始凭证。审核原始凭据主要是对其真实合法性、完整性、正确性进行检查。

第二步，根据审核无误的原始凭证填制会计凭证。

填制会计凭证是在审核无误的原始凭证的基础上，将会计凭证整理归类，运用复式记账法编制会计分录，然后填制记账凭证并附上原始凭证。

第三步，登记总分类账和明细分类账。

登记账簿是指根据记账凭证分别登记有关账簿，如现金、银行日记账、明细分类账、总分类账，并结算余额。

第四步，对账，检查有无错记或漏记。

将各项经济业务结算清楚，结出本期发生额和期末余额，期末余额结转下期。编制总分类账和明细分类账试算平衡表，检查有无错漏误记。保证做到账账相符、账证相符、账实相符。

第五步，编制财务会计报表，并对外报送。

根据账簿记录编制资产负债表、利润表、现金流量表等，呈现企业财务状况和经营成果。资产负债表主要是反映企业某一会计期间资产、负债和所有者权益的变动情况；利润表是反映企业一定时期的利润获得情况；现金流量表是反映企业一定时期的现金流入与流出情况。

财务报表的编制步骤

第一步，审核原始凭证

↓

第二步，根据审核无误的原始凭证填制会计凭证

↓

第三步，登记总分类账和明细分类账

↓

第四步，对账，检查有无错记或漏记

↓

第五步，编制财务会计报表，并对外报送

专家点评

当企业发生如主管人员变动等重大信息时，会发布临时财务报表。这种临时财务报表的报送时间不是固定的。

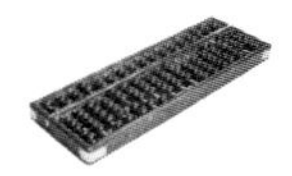

财务报表的编制和报送日期

关键词：报表编制　报送日期

报表编制：会计报表需按统一的报表格式要求、指标和编制时间进行编制。

报送日期：是指相关法律规定的公开对外财务报表的日期。

除了有固定的编制程序外，财务报表的编制必须要做到数字真实、内容完整、计算准确、报送及时、手续完备等基本要求。

数字真实，是指财务报表中各项数据必须真实地反映企业的经营成果、财务状况和现金流量等信息。

内容完整，是指会计报表因需要满足不同报表使用者的信息需求，因此，必须是全面反映企业的财务状况和经营成果。

计算准确，是指在日常的会计核算工作中，必须是核对无误后的凭证为记账依据，从而保证编制报表时的各项数字真实可靠。

财务报表编制要求

要求	说明
数字真实	财务报表中的数据必须真实可靠
内容完整	财务报表应全面反映经济情况
计算准确	财务报表数据必须准确地计算
报送及时	财务报表的编制和报送必须及时
手续完备	财务报表应加具封面、装订成册、加盖公章

报送及时，财务信息只有及时传递给信息使用者，才能为使用者的决策提供依据。因此，财务报表的编制和报送必须及时反映企业的变动情况。

手续完备，是指企业对外提供的财务报表应加具封面、装订成册、加盖公章。

对外报表需要定期编制并向上级主管部门、投资者、财税部门等报送或按规定向外公布。对外报表是一种规范的财务报表，需要按统一的报表格式要求、指标和编制时间等。对外报表主要有资产负债表、利润表和现金流量表等。财务报表按编制的时间不同可分为月报、季报、半年报、年报四种。凡是有规定需要向外公布的报表，企业必须严格按有关规定的要求如期公布企业财务报表。具体报表类型的公布时间如下所示。

财务报表报送时间

财务报表类型	报表对外公布时间
月度会计报表	每月结束后6天内对外公布
季度会计报表应	季度结束后15天内对外公布
半年度会计报表应	半年度结束后60天内对外公布
年度会计报表	年度终了后4个月内对外公布

专家点评

财务报表除了上述几种公布时间外，例如，企业有重大信息出现时，可以公布临时财务报表，供投资人知情或留意。重大信息是指企业法人、董事长、总经理等高层人事发生变动，企业发生诉讼、行政处分等情况。

老板应该掌握的报表

****

关键词：资产负债表　利润表　现金流量表　所有者权益变动表

资产负债表：（参见前文“主要有什么报表”一节）
利润表：（参见“主要有什么报表”一节）
现金流量表：（参见“主要有什么报表”一节）
所有者权益变动表：（参见“主要有什么报表”一节）

经典示例

有一个这样的古典笑话：满不懂老板带着万不通经理开药店，请了个白眼狼伙计。因为领导者对账务、报表、业务一知半解，于是白眼狼利用报表，蒙骗两位领导。3年后，两个大领导就变成了伙计，而且心中还扬扬得意，认为自己创业成功。

作为一家企业的老板，最关心的问题就是企业是否盈利，通俗地讲就是企业是不是赚钱。要让一个企业长期稳定地经营下去，老板的决策对企业的发展起着重要的作用。因此，老板必须掌握和读懂一些重要的财务报表，从而了解企业的运营状况，以及企业存在的不足，如经营绩效是否良好。如果不好，是哪些原因造成的，企业的利润高低，是否还有进一步挖掘扩大利润的空间……老板必须读懂的报表有资产负债表、利润表、现金流量表、所有者权益表，读懂了这四张财务报表等于读懂了企业的各种信息。

通过资产负债表，老板可以观察自己企业的资产结构情况，如查看企业负债与权益的比例，可以看出企业的财务结构是否合理，

老板需要了解的报表

资产负债表
财务结构是否合理？
企业的资产有多少？
负债是否过高？

利润表
企业盈利还是亏损？
主营业务收入有多少？
每股盈余是多少？

现金流量表
企业的现金有多少？
企业现金主要来源于哪里？

所有者权益变动表
股东权益是增加或减少？
企业资本累计有多少？

企业的资产有多少，负债是否过高，是否有到期要还的债务，企业的存货有多少……

通过利润表，老板可以看出企业当期的经营业绩如何，是盈利还是亏损，主营业务收入有多少，利润主要来源于哪些经济业务，每股盈余是多少……

通过现金流量表，老板可以观察企业现金的来源和去处，如企业现金主要是通过经营活动获得还是投资活动或是筹资活动，企业的现金有多少，是否够维持企业日常经营所需……

通过所有者权益变动表，老板可以了解企业所有者权益的变化情况，如属于股东的权益是增加还是减少了，企业经营是否获得了更多增值，企业资本累计有多少……

专家点评

财务报表是企业重要的经济信息，它就像企业的一面镜子，透过这面镜子可以反映出企业的各种经济情况。

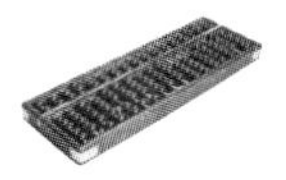

阅读财务报表的步骤

关键词：阅读财务报表 财务比率

阅读财务报表：是指从取得财务报表到看懂财务报表的过程。

财务比率：是指通过一些计算指标，分析企业各项财务指标在某一时期或与同行业对比的水平如何。主要用于分析企业的经营情况。

不懂财务会计的老板可能会觉得看一堆密密麻麻的数字，难以理解。其实读懂财务报表很简单。老板可以从会计手中获得财务报表，或者自己去找财务报表，阅读并理解它们，从中找到需要的信息，或了解企业各方面的经营信息。只需要按照以下步骤进行：

经典示例

对于上市公司的报表，可以通过多种方法和渠道获得，如通过财经网站、图书馆、企业负责人或会计主管、报纸杂志等方式都可以找到企业的会计报表。也可以关注所选择股票的公司所在地国税局政策、所在地区政府网站上公布的该企业信息。

第一步：收集企业的财务报表。老板可以直接从财会部门索要；如果是小企业，没有专门的会计人员，那就需要根据各种凭证自己整理报表；企业外部人员则可以从公司发布的信息，政府发布的信息中寻找财务报表。

第二步：明确阅读财务报表的目的。对老板来说是发现工作需要什么样的改进；员工需要从报表中找出自己的努力方向；而外部

人员则需要找出投资的风险和收益。

第三步：根据企业报表的数据计算财务比率。财务比率非常多，并不是每一项都需要计算，而是根据需要。最常使用的是利润率和资产报酬率。

第四步：将财务比率进行比较。横向是和同行业的这类公司比较，纵向是和该公司的上期、上上期进行比较。这里要注意的是，在做纵向比较和横向比较的时候，必须考虑对方财务报表的特殊性，关注其附注中披露出来的重大信息。

财务报表阅读流程图

收集报表

明确阅读财务报表的目的

计算报表中的财务比率

将比率与同行企业比较

得出结果

第五步：结果确认。需要谨记的是只有真实的数据能得到正确的结果，所以在确认结果前，还必须确认一下报表的真实性。

专家点评

财务报表的制作和报送依据的是《中华人民共和国税收征收管理法》及其实施细则、《国家税务总局关于印发〈纳税人财务会计报表报送管理办法〉的通知》（国税发〔2005〕20号）和财政部印发的《政府会计准则第9号——财务报表编制和列表》等文件。

分析财务报表的目的

****

关键词：分析　债权人

分析：将研究对象的整体分为各个部分、方面、因素和层次，并分别加以考察的认识活动，其特点是从细节处发现真相。

债权人：债务关系中，有权利要求债务人实施一定行为或者不实施一定行为的行为主体。

经典示例

优秀的经济学家不一定是一个好老板。大经济学家去炒股，肯定把公司的报表分析得透彻，往往被里面所蕴含的风险吓到。

老板对于一个企业的经营方向和经营成果有着决定性的作用，因此，老板分析财务报表的目的主要是帮助企业做出有效的经营决策。如企业一段时间内的经营业绩如何；通过财务报表分析企业的资金结构、偿还能力、获利能力等指标，分析企业是否需要调整资本结构，以便了解企业的经营效益；通过过去的经营数据，预测企业未来的盈利情况并制订未来的盈利目标。

投资者分析财务报表是为了保证其所投入的资金的安全和收益有保障。

因此，在进行投资决策时，需要对企业的财务报表进行仔细分析。投资者分析财务报表的主要目的是了解企业的盈利能力和发展能力，了解企业的经营成果，了解企业票价格变动以及分红情况，企业未来发展前景如何，是否投资或增加、减少投资金额等。

债权人分析财务报表的目的主要是分析企业的资金实力、企业的盈利能力、借出去的资金能否如期收回本金和利息，以及是否该给企业贷款或继续给企业贷款。

债权人一般是指银行或其他金融机构等贷款给企业的一方。债权人借钱给企业是为了到期能收回本金和利息。企业的经营业绩会直接影响到企业的债务偿还情况。因此，债权人在决定是否贷款给企业时，就需要对企业的偿债能力进行评价和分析，以保证债款的安全。

分析财务报表的目的

专家点评

不同的报表使用对象，会对财务报表分析的目的有所不同，但主要是围绕以下几个方面分析：企业的财务状况、经营成果、偿债能力以及企业未来的经营前景等。

第2章

从公司利润表看经营

公司存在的目的就是获得利益，所以反映利益变化的利润表是最基本的财务报表。

通过利润表，人们可以看出在上一段时间的财务状况，例如：公司支付了多少成本，销售了多少商品，获得了多少收入，自己的工作有着怎样的直接效果。 这些情况是构成公司活力的最基本因素。而如果不能掌握利润表，公司运营就是一本糊涂账了。

如何全面认识利润表

关键词：利润　利润表

利润：利润是企业在某一期间生产经营活动的成果，即企业获得的收益。
利润表：是反映企业某一特定时期内经营成果的财务报表，属于动态报表。

利润倍数

吕不韦在贩卖货物回家后，问父亲什么行业利润最高，其父回答："耕田一倍，珠玉货物4倍。"吕不韦问，如果拥立天子呢，其父默然。如果利润高达300%，就能让所有人铤而走险了。

利润是企业经营和发展的基础前提，也是企业进行生产经营活动的目标。企业的经营业绩如何，主要是看反映当期利润的利润表。也可查看企业前期的利润表，了解企业整体的经营收益情况。利润是企业总收入减去总支出之后的剩余，也就是企业某一时候实现的利益收入。如果利润为负数，则表示企业当期是亏损。

利润表的格式分为多步式和单步式两种。单步式利润表，是指将企业某一会计期间的所有收入相加，然后再将所有费用支出相加，两者相减之后得出本期损益，这种一步计算出损益的方式称为单步式利润表。多步式利润表，是指通过对当期的收入、费用、支出项目按性质加以归类，经过多个层次计算，才能得出企业净损益。这种方法可以更直接、更清晰地反映利润表组成情况，便于分析企业的经营情况、预测企业未来的可发展性。多步式利润表弥补了单步式利润表的局限性。按照我国《企业会计准则第30号——财务报表列报》的规定，利润表统一采用多步式编制。企业的利润总额减去所得税就是企业的净利润。

利润表的组成分三个部分：表头、正表以及表尾。

- 表头：表头一般是由公司名称、报表的名称和利润表结算的日期构成。
- 正表：由各项利润项目组成，公司营业净利润、营业外净利和每股盈余。
- 表尾：财务报表的最后必须要有公司负责人、经理以及主管会计签名盖章。

利润表

北京××有限公司　　2019年10月　　单位：元

项　目	行次	本月发生额	本年累计数
一、业务收入	1	6 717 192.00	50 062 505.98
减：营业成本	2	3 358 596.00	27 294 646.24
税金及附加	3	486 996.42	3 538 828.56
销售费用	4	33 585.96	563 104.21
管理费用	5	346 174.10	2 146 682.36
财务费用 加：投资收益（损失以“–”填列）	6	148 412.07	1 845 632.50
二、营业利润（亏损以“–”填列）	7	2 343 427.45	14 673 612.10
营业外收入	9	–	3 500.00
减：营业外支出	10	–	44 266.11
三、利润总额（亏损以“–”填列）	11	2 343 427.45	14 632 845.99
减：所得税费用	12	201 515.76	1 126 565.53
四、净利润（净亏损以“–”填列）	13	2 141 911.69	13 506 280.47

制表人：张×　　财务负责人：李×　　主管会计：赵×

专家点评

一个企业的利润如何，是评价这个企业经营业绩、获利能力、偿还能力的一个重要指标，利润越高，企业经营就越好。利润也是企业存在的价值体现。

计算利润的步骤

关键词：单步式利润表　多步式利润表

单步式利润表：是指将某一时期所有收入相加、支出相加，总和相减后一步算出利润的方法。

多步式利润表：是指要经过多个层次的收入与费用计算，才能得出企业净损益。

利润表分为多步式和单步式两种格式。

单步式利润表，是将企业一定会计期间的所有收入加在一起，再把所有费用支出加在一起，两者相减，一步计算出损益，因此称为单步式利润表。多步式利润表，是指要经过多个层次的收入与费用计算，才能得出企业净损益。

多步式利润表可以将构成损益类的项目分类，对收入和费用项目适当归类，可以更直接地反映利润表的数据，便于不同企业之间进行比较，以及分析企业的经营情况、预测企业未来的可发展性。多步式利润表基本弥补了单步式利润表的局限性。

> **经典示例**
>
> **净利润的计算**
>
> 2019年，A公司最终实现的利润总额为500万元，企业本年应当缴纳的企业所得税税额为125万元。计算A公司2019年净利润如下：
>
> 净利润=利润总额－企业所得税=500－125=375万元

利润表计算利润的方法和步骤

第一步：计算营业利润。从会计账簿中找到营业收入、营业成本、税金及附加、销售费用、管理费用等项目填列至利润表中。营业收入减去营业成本及销售成本等各项成本项目，再加上其他收益即为营业利润。

第二步：计算利润总额。上一步骤计算的营业利润填制利润表相应位置，再加上营业外收入，减去营业外支出即为利润总额。

第三步：计算所得税费用。第二步计算的利润总额填制相关表格，根据利润总额金额乘以企业所得税税率即为所得税费用。

第四步：计算净利润。从利润表中找出利润总额、所得税等数据，套入公式计算出净利润。

利润表的计算公式

1

营业利润=营业收入−营业成本−税金及附加−销售费用−管理费用−财务费用−资产减值损失−信用减值损失+公允价值变动收益(−公允价值变动损失)+投资收益(−投资损失)+资产处置收益(−资产处置损失)+其他收益

2

利润总额=营业利润+营业外收入−营业外支出

3

所得税费用=应纳税所得×所得税税率

4

净利润=利润总额−所得税费用

专家点评

按照我国《企业会计准则第30号——财务报表列报》的规定，企业的利润表采用多步式编制。多步式利润表便于对企业生产经营情况进行分析，有利于不同企业之间进行比较，更有利于预测未来的盈利能力。

利润表的作用

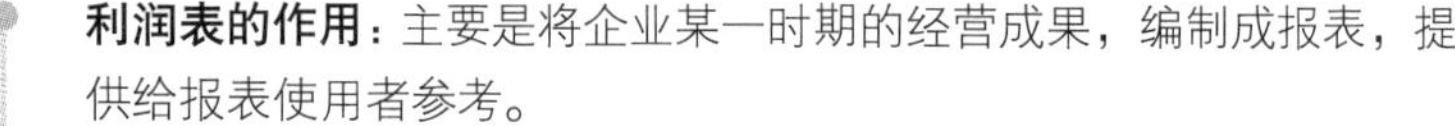

关键词：利润表的作用　经营成果

利润表的作用：主要是将企业某一时期的经营成果，编制成报表，提供给报表使用者参考。

经营成果：是指企业的营业收入扣除各种成本费用以及税金之后的差，也就是企业的投资收益。

利润表是指将企业的经济活动记录、归类、分析、核算，并以报表的形式反映出企业的综合信息，它可以详细地反映企业某一时期的财务状况和经营成果。编制利润表的目的是将企业的这些经营信息提供给投资者作为决策参考依据，给企业老板指明经营方向，给税务机务或其他报表使用者了解企业的经营情况。

经典示例

通过利润表，可以观察企业在某一会计期间的收益情况，如企业本期实现了多少营业收入？有多少利润？以及本期耗费的各项费用支出，如营业成本、销售费用、财务费用、管理费用等，以及企业本期实现的经营成果，即收入减去成本后有多少是净利润，从而判断企业的资本保值或增值等情况。

利润表的作用主要表现在以下四个方面：

1.可以了解企业一定时期内的经营成果，评价和预测未来的获利能力。

2.可以反映企业资本增长速度的规模，从而判断和预测企业未来

的发展趋势。企业的经营成果直接由利润表反映出来，因此，利润表是企业经营情况最有力的证明。

3.可以评价和预测企业的偿债能力。企业的偿债能力指以其资产偿还债务的能力。偿还能力的大小在很大程度上取决于企业的获利能力，企业的利润获得能力越强，表示如期清偿债务的保障越高。只凭某一个时期的获利能力不能定论企业的偿债能力如何。但如果企业很长一段时期的获利能力很低，就会影响企业正常合理的资本结构，资产的流动性会减慢，从而导致企业的整体财务状况和经营能力变差。这些信息都可以通过利润表间接反映出来。

4.可以为企业决策者提供决策所需的信息依据。

利润表的作用

利润表的作用

可以了解企业的经营成果，评价和预测未来的获利能力

可以为企业决策者提供决策所需的信息依据

可以判断企业的经营情况和未来发展趋势

可以评价和预测企业的偿债能力

专家点评

利润表的各项目都分别列示“本期金额”和“上期金额”两栏，主要是为了报表使用者，通过不同时期的利润数据进行比较，判断企业的经营情况和未来发展趋势。

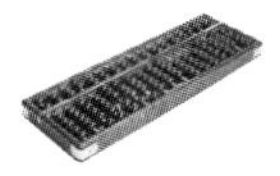

利润表的编制

关键词：利润表编制

利润表编制：是指为反映企业某一时期的经营成果和财务状况而编制的说明企业损益的报表。

利润表是根据“收入-费用=利润”这一会计等式为编制原理的。企业的生产经营过程中获得的收入，减去因生产经营所耗费的各种费用支出，剩余的就是企业的利润。再将各类收入和相关费用进行配比，从而计算出净利润。如果企业经营不当，经营所得的收入低于投入的成本费用，那么企业就会发生亏损。企业的经

经典示例

业务利润的计算

企业2019年度，“主营业务收入”账户的贷方发生额为500 000元，“其他业务收入”账户的贷方发生额为85 000元。该企业2010年度利润表中的“营业收入”项目填列的金额为：

主营业务收入500 000+其他业务收入85 000=营业收入585 000（元）。

利润表

北京××有限公司　　2019年10月　　单位：元

项　　目	行次	本月发生额	本年累计数
一、主营业务收入	1	6 717 192.00	50 062 505.98
减：主营业务成本	2	3 358 596.00	27 294 646.24
主营业务税金及附加	3	486 996.42	3 538 828.56
二、主营业务利润（亏损以“-”填列）	4	2 871 599.58	19 229 031.18

济活动需要定期进行核算，并由会计人员编制成报表，对外报送，因此，就有了利润表。

利润表中主要项目的编制方法

- 利润表反映企业在月份、季度、年度的利润（或亏损）的实现情况，月度利润表应同时填报“本月数”和“本年累计数”，年度利润表编制时应同时填列“上年数”栏和“本年数”栏。
- 报表中的“本月数”栏反映各项目的本月实际发生数，在编报年度财务会计报告时，填列上年全年累计实际发生数，并将“本月数”栏改成“上年数”栏。在编报中期和年度财务会计报告时，应将“本月数”栏改成“上年数”栏。
- 报表中的“本年累计数”栏，反映各项目自年初起至本月末止的累计实际发生数。

利润表编制步骤

根据原始凭证编制记账凭证，审核无误之后登记总账及明细账

编制试算平衡表，检查会计账户的正确性

根据利润表各类账户的发生额，计算并填列到所属账户中

检查利润表填列和计算是否正确和完整

由制表人、会计主管等相关人员签字盖章

专家点评

因为利润表反映了企业某一时期的经营情况，所以属于动态报表。实际工作中，利润表可以按月、季、半年、年编制，并对外报送。

如何确认商品销售收入

关键词：销售收入　销售

销售收入：是指企业发生商品交易或提供劳务，使商品、劳务的所有权转到购买方，收到商品、劳务款项或取得索取价款凭证，而认定的收入。

销售：生产者介绍商品提供的利益，以满足消费者特定需求的过程。

销售收入的确认

在实际操作中，依据《企业会计准则——收入》所述四项条件的标准来确认营业收入是不能满足需要的。一般人们在取得价款时，或取得索取价款的权利时作为收入的确认。

商品销售收入的确定，必须按照我国《企业会计准则——收入》的规定，需要同时符合以下四个条件才能确认为收入：第一，企业已将商品所有权上的主要风险和报酬转移给了购货方；第二，企业没有保留与所有权相联系的继续管理权，也没有对已售出的商品实施控制；第三，与交易相关的经济利益能够流入企业；第四，相关的收入和成本能够可靠地计量。

企业已将商品所有权上的主要风险和报酬转移给买方，是指企业作为商品所有者承担该商品的可能发生的价值损失和商品预期带来的经济利益的权利，转移给购买方。一般情况下，商品所有权上的风险和报酬是随着实物或所有权凭证的交付而转移。不过有些情况，即使企业已将实物的所有权或凭证交付买方，但商品所有权上的主要风险和报酬并未转移，如转让所有权的商品不合格，顾客会要求退货或降低价格等。

有可能出现企业已将商品所有权上的主要风险和报酬转移给买方，但实物尚未交付。因此，需要在所有权上的主要风险和报酬转移时确认收入，不管实物是否交付，如交款提货。

在实际工作中，销售商品收入的确认时间可按图表中的方法确定：

商品销售收入确认

在交款提货销售方式下，货款已收到，发票和提货单已交给对方，无论商品是否发出，均视为营业收入实现	采用托收承付或委托收款结算方式销售商品时，在商品发出，并已将发票账单提交银行办妥托收手续时
采用分期收款结算方式销售商品时，以本期收到的现款或以合同约定的本期应收现款的日期，视作营业收入实现	采用预收货款方式销售商品时，应在商品发出时，视作营业收入实现
委托其他单位代销商品时，在收到代销单位的代销清单时，视作营业收入实现	企业出口销售的商品，取得货运提单、收据或运单，并向银行办理出口交货单时

对于视同对外商品销售的业务，如以本企业产品用于职工福利的，应在产品交付时，视同营业收入实现

专家点评

现金折扣主要发生在企业以赊销方式销售商品及提供劳务的交易中，卖方为鼓励买方企业在规定的期限内付款，而向债务人提供的债务扣除。

营业利润率分析

关键词：营业利润　营业利润率

营业利润：是指企业在某一时期的经营活动中，通过销售商品或提供劳务等产生的利润。

营业利润率：是指企业在一定时期内的营业利润与营业收入之间的比率。

营业利润是企业在销售商品、提供劳务等日常经营活动中所产生的利润。它是企业一定期间内营业收入（包括主营业务利润和其他营业利润）扣除期间费用后的差额。营业利润是企业主要的利润来源，反映了企业某一时期的经营成果。

经典示例

营业利润率的计算

2019年5月，北京××有限公司实现的营业利润为10万元，营业收入为40万元，计算营业利润率如下：

营业利润10万/营业收入40万×100%=25%

营业利润率

营业利润率，是企业一定时期营业利润与营业收入之间的比率，是衡量企业经营效率的财务指标。一般来说，企业的营业利润率越高，说明该企业的经营效率越高，获得的利润越多，企业经营得就越好；相反，企业的营业利润率越低，说明该企业的获利能力越差，企业产品的竞争能力不强。不同行业的成本利润结构会有所差别，因此，营业利润率的标准也不同。一般工业企业的营业利润率应在30%～50%，商业企业一般维持在10%～20%。

北京××有限公司经营损益表

编制单位：北京××有限公司　　2019年7月　　单位：万元

		春季度		夏季度	
		金额	%	金额	%
4 110	销售收入总额	107		132	
4 170	销售退货及折扣	3		2	
4 100	营业收入	104	100	130	100
5 110	销售成本	70.72	68	87.1	67
5 910	销售毛利	33.28	32	42.9	33
	营业费用				
6 300	研究发展费用	10	9.61	10	7.69
6 100	管理费用	9.5	9.12	9.77	7.51
6 000	合计	19.5	18.75	19.77	15.21
6 900	营业利润	19.76	19	27.3	21
	营业外收入	1.05	1	1.25	1

影响营业利润率的主要因素

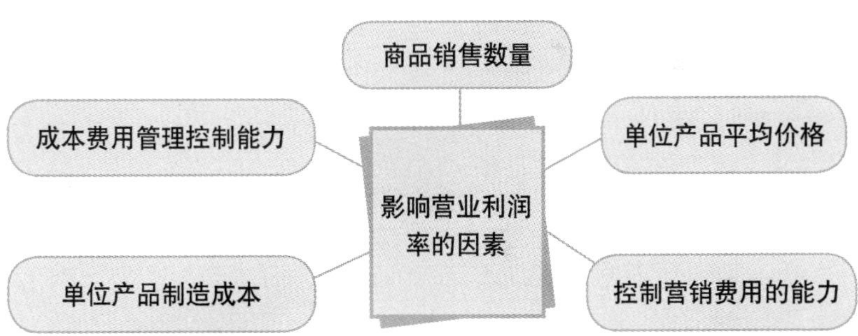

专家点评

成本是影响企业利润的主要因素之一，每降低一分钱的成本或者费用，就等于增加了企业的利润。因此，对于每一个企业来说，控制好成本和费用是其经营过程中最为重要的环节之一。

如何核算营业外收入

****

关键词：营业外收入　会计核算

营业外收入：是指与企业生产经营活动没有直接关系的各项收入。

会计核算：也称作会计反映，对会计主体已经发生和正在发生的经济活动进行事后核算。

营业外收入是指与企业主要经营活动没有直接关系的各种收入。营业外收入属于纯收入，因为其获得无须耗费企业的生产经营资金，也就是说不需企业付出成本，所以也不需要分配到各种费用中进行配比。会计核算时，应将营业外收入与营业收入区分开来。

营业外收入主要包括非流动资产处置利得、盘盈利得、政府补助、捐赠利得等。

经典示例

营业收入的会计分录

企业清理一批固定资产报废材料，获得净收益5 000元，转入营业外收入。会计分录如下：

借：固定资产清理　　5 000

贷：营业外收入　　5 000

月末，将本期营业外收入总额5 000，结转本年利润。会计分录如下：

借：营业外收入　　5 000

贷：本年利润　　5 000

非流动资产处置利得，包括固定资产处置利得和无形资产出售所得的收入。

固定资产处置利得，是企业出售固定资产或报废固定资产的材料的收入扣除各种处理费用后所剩余的净收益。

无形资产出售利得，是企业因出售无形资产获得的收入，扣除

其账面价值和相关处理费用后的净收益。

盘盈利得，企业在对现金等实物清查盘点中，盘盈的现金等物资，经报批处理后计入营业外收入的金额。

政府补助，政府对企业补助的各种货币型、非货币型资产而形成的收益。

捐赠利得，企业接受外部捐赠产生的收益。

损益表

编制单位：北京××有限公司　　2019年7月　单位：万元

		春季度		夏季度	
		金额	%	金额	%
4 110	销售收入总额	107		132	
4 170	销售退货及折扣	3		2	
4 100	销售收入净额	104	100	130	100
5 110	销售成本	70.72	68	87.1	67
5 910	销售毛利	33.28	32	42.9	33
	营业费用				
6 300	研究发展费用	10	9.61	10	7.69
6 100	管理费用	9.5	9.12	9.77	7.51
6 000	合计	19.5	18.75	19.77	15.21
6 900	营业利益	19.76	19	27.3	21
	营业外收入	1.05	1	1.25	1
7 100	利息收入	0.05		0.05	
7 130	股份固定资产收入	0.76		0.76	
7 150	技术财务收入	0.02		0.02	
7 170	保险理赔收入净额	0.18		0.18	
7 210	税利金收入净额	0.6		0.4	
7 480	其他收入（附注16）	0.17		0.32	
7 100	合　计	2.55	2	2.76	2

会计核算中，企业应设置“营业外收入”账户，用以反映和监督企业营业外收入情况，营业外收入的贷方登记发生的营业外收入额，借方登记期末转入“本年利润”账户的数额，结转之后，期末余额为0。

企业确认营业外收入，借记“固定资产清理”“银行存款”“待处理财产损溢”“应付账款”等科目，贷记“营业外收入”科目。

期末，会计在编制报表时必须将“营业外收入”全部余额转入“本年利润”，借记“营业外收入”账户，贷记“本年利润”账户。

营业外收入成立必须满足两个条件：意外发生，企业无力加以控制；偶然发生的，并不重复出现。

如何核算营业外支出

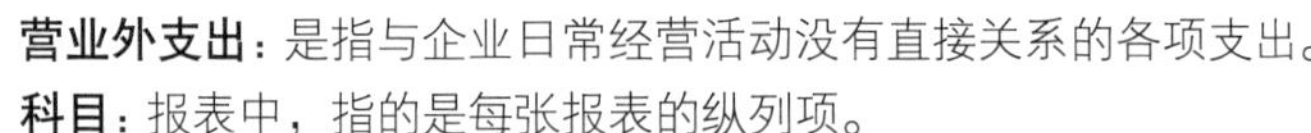

关键词：营业外支出　科目

营业外支出：是指与企业日常经营活动没有直接关系的各项支出。

科目：报表中，指的是每张报表的纵列项。

营业外支出是指与企业日常生产经营活动无直接关系的各项支出。它不属于企业经营费用，需要从利润总额中扣除的支出。营业外支出包括非流动资产处置损失、债务重组、罚款支出、公益性捐赠支出、非常损失、盘亏损失等。

非流动资产处置损失包括固定资产处置损失和无形资产出售损失。固定资产处置损失，指企业出售固定资产或清理报废固定资产材料所得，不足以抵补固定资产的账面价值，以及各种清理费用时所发生的净损失。

无形资产出售损失，指企业出售无形资产所取得价款，不足以抵补其账面价值或出售无形资产所产生的相关费用时，所发生的净损失。

盘亏损失，是指企业在对财产进行清查盘点时，发生盘亏的资产，经审批处理后按确定的损失计入营业外支出的金额。

罚款支出，指企业由于

经典示例

营业外支出的核算

企业用银行存款支付税款滞纳金5 000元。会计分录如下：

借：营业外支出　　5 000

贷：银行存款　　5 000

月末，企业本期营业外支出总额为5 000元，转入本年利润。会计分录如下：

借：本年利润　　5 000

贷：营业外支出　　5 000

违反税收法规、经济合同等而支付的各种滞纳金和罚款。

公益性捐赠支出，指企业对外进行公益性捐赠发生的支出。

非常损失，指企业对于因客观因素（如自然灾害等）造成的损失，在扣除保险公司赔偿后应计入营业外支出的净损失。

损益表

编制单位：北京××有限公司　2019年7月　单位：万元

		金额	%	金额	%
4 110	销售收入总额	107		132	
4 170	销售退货及折扣	3		2	
4 100	销售收入净额	104	100	130	100
5 110	销售成本	70.72	68	87.1	67
5 910	销售毛利	33.28	32	42.9	33
	营业费用				
6 300	研究发展费用	10	9.61	10	7.69
6 100	管理费用	9.5	9.12	9.77	7.51
6 000	合计	19.5	18.75	19.77	15.21
6 900	营业费用	19.76	19	27.3	21
	营业外支出	1.05	1	1.25	1
7 501	利息费用	0.05		0.05	
7 530	处理固定资产损失	0.76		0.76	
7 560	兑换净损	0.02		0.02	
7 881	灾害损失净额	0.18		0.18	
7 540	其他投资损失	0.6		0.4	
7 880	其他损失	0.17		0.32	
7 500	合计	2.55	2	2.76	2

会计核算时，企业应设置“营业外支出”科目，用以核算营业外支出的发生以及结转情况。营业外支出的借方登记发生的各项支出，贷方登记期末结转入本年利润的营业外支出。结转后，期末无余额。

企业发生营业外支出时，应借记“营业外支出”科目，贷记“固定资产清理”“待处理财产损溢”“库存现金”“银行存款”等科目。

期末，将“营业外支出”科目余额结转入“本年利润”科目，借记“本年利润”科目，贷记“营业外支出”科目。

专家点评

在具体核算时，不得以营业外支出直接冲减营业外收入，也不得以营业外收入冲减营业外支出，即企业在会计核算时，应当分别对营业外收入和营业外支出进行核算。

净利率的计算

****

关键词：净利率　资本密度

净利率：是指企业实现的净利润与营业收入的比例，它反映企业投入的每一块钱的成本能够带来多少净利润。

资本密度：在一定范围内的一个会计时间段内，资本所聚集的数量和资本使用量的比率。

净利率是在净利润的基础上算出来的。

企业营业收入增加的同时，净利润也应相应增加，净利率才能保持不变或相应增加。如果营业收入增加，而净利润没有相应增加，则表示企业没有从增加的销售收入中获得更高利润。企业老板通过分析销售净利率的升降变化，可以看出企业每增加一元销售收入的同时，净利润有没有随之增加或减少，以此考察销售收入增长的效益。如果净利润同比减少，则该注意改进经营管理和提高盈利水平。

经典示例

某公司2019年的税后净利润是300万元，销售收入净额是900万元，那么计算该公司的销售净利率如下：

净利润计算公式：销售净利率＝净利润／销售收入×100%

净利润300万/900万×100%=33.3%

净利润占销售收入的33.3%

企业净利率越高，说明企业的获利能力越强，反之，净利率越低，说明企业获利能力越差。净利率受行业性的影响较大，因此净利率的多少合适就参考同行

业的平均水平，不同行业之间的可比性较小。一般来说，资本密集型的行业，如重型工业行业，净利率较高；资本密集程度较低的行业，如服务行业，通常营业净利率也较低。

北京××有限公司损益表

编制单位：北京××有限公司　　2019年12月　　单位：万元

		2019年初		2019年末	
		金额	%	金额	%
4 110	营业收入总额	1 030	100	1 103	100
4 170	收货退回及折扣	23	2.231	46	4.17
4 100	营业收入	1 007	97.769	1 057	95.83
5 110	营业成本	684.76	68	708.19	67
5 910	营业毛利	322.24	32	348.81	33
7 900	税前利润	241.68	24	264.25	25
8 110	所得税利益（费用）	20.6	2	22.06	2
8 900	净利润	226.6	22	286.78	23

净利率的高低影响

净利率

越高：企业从营业收入获得的净利润越多；企业的获利能力越强

越低：企业从营业收入获得的净利润越少；企业获利能力越低

专家点评

由于不同类型行业的企业，其成本费用的结构会有所不同，因此，净利率的标准值也会不同。一般而言，企业净利率的标准应参考同行业的平均值。

产品的单位成本

关键词：单位成本　主要产品

单位成本：是指企业生产每一单位的产品，平均耗费的成品。
主要产品：生产者所提供的所有商品中，生产过程固定、市场固定、利润平稳、产量较大的产品。

产品单位成本表是反映企业某一期间生产的各种主要产品单位成本的构成及其变动情况的成本报表。

企业在日常经营中，因生产各种产品所耗费的各项支出和费用总和就是企业的全部成本。将某种产品的生产成本分摊到每一个产品上，计算每一单位产品所耗费的成本，即是产品的单位成本。

经典示例

产品单位成本的计算

北京××有限公司，生产甲产品1 000件，其中制造费用为10万，直接工资为5万，税费以及其他费用为5万。计算每单位产品的成本如下：

总成本：制造费用10万＋直接工资5万＋其他费用5万=20万元

单位成本：200 000元/1 000件=200元/件

每单位产品成本为200元

单位产品成本是指企业每生产一单位产品，平均耗费的成本，是通过总成本除以总产量，计算出每一个产品的成本。计算单位成本一方面可以了解各种产品的成本、成本预算的完成情况，以便将本企业的成本平均水平与同类型企业进行对比分析，从中找出差别，进行改进；另一方面，计算单位成本也是产品价格定位的重要依据。单位成本对于企业成本管理也有着重要作用。企业产品单位成本高，说明企业的生产水平高，企业生产设备先进，经营管理较好。反之，则说明企业的生产水平和设备滞后，企业管理效益差。计算单位成本首先是将某一种产品的总成本计算出来，然后用总成本除以该产品的产量，即得出每单位产品的成本。

一般生产企业都要按月份、季度、年度编制主要产品单位成本表，列示主要产品的上年实际平均单位成本、本年计划单位成本和本月实际单位成本。主要产品单位成本表，是反映企业某一期间所生产的各种主要产品单位成本的构成及其变动情况的成本报表。

主要产品单位成本表

编制单位：北京××有限公司　　2019年5月　　单位：元

产品名称	××产品		本月实际产量	100	
规　格	20*25		本年累计实际产量	900	
计量单位	件		销售售价	1 000	
成本项目	行次	上年实际平均	本年计划	本月实际	本年累计
直接材料	1	300	280	290	290
直接工资	2	150	140	130	140
制造费用	4	120	130	125	125
产品生产成本		570	550	545	555

专家点评

主要产品单位成本表是按主要产品类别分别编制的，用以考核各种主要产品单位成本预算的执行情况，分析各种产品成本消耗的增减变动和变动原因，争取寻找进一步降低企业产品成本的方法。

产品成本的项目

****

关键词：直接材料　直接工资　制造费用

直接材料：是指企业在生产经营过程中所消耗的原材料、辅助材料、燃料、包装物、运输、装卸、整理等费用。

直接工资：是指企业支付给直接从事产品的职工的工资和福利费。

制造费用：是指企业生产车间的生产、管理生产和其他耗费。

产品的成本主要包括：

车间管理人员工资。它是指生产车间管理人员、生产工人以及其他后勤人员的工资。

职工福利费。它按第一项所定义的生产管理人员工资的14%提取。

经典示例

制造费用一般是间接计入成本，当制造费用发生时一般无法直接判定它所归属的成本计算对象，因而不能直接计入所生产的产品成本中去，一般是通过一定的方法分配到各对象成本中。

交通费。它是指企业车间职工因上下班而发生的交通车辆费用，主要指汽油费、养路费等。

劳动保护费。它指按照规定标准和范围支付给车间职工的劳动保护费用。

折旧费。它是指车间所使用固定资产按规定计提的折旧费。

修理费。它指生产车间所用固定资产的修理费用，包括大修理费用支出。

租赁费。它是指车间因使用从外部租入的各种固定资产和用具而按规定列支的租金。

物料消耗。它是指车间管理部门耗用的一般消耗材料。

低值易耗品摊销。它是指车间所使用的低值易耗品的摊销。

生产用工具费。它是指车间生产耗用的生产用工具费用。

水电费。它是指车间管理部门由于消耗水、电和照明用材料等而支付的非直接生产费用。

办公费。它是指车间生产管理部门的通信费用以及文具、印刷、办公用品等办公费用等。

差旅费。它是指按照规定报销生产车间职工因公外出的各种差旅费、住宿费、助勤费，市内交通费和误餐补贴，按规定支付职工及其家属的调转、搬家费，按规定支付患职业病的职工去外地就医的交通费、住宿费、伙食补贴等。

运输费。它是指生产应负担的厂内运输部门和厂外运输机构所提供的运输费用，包括其办公用车辆的养路费、管理费、耗用燃料及其他材料等费用。

保险费。它是指应由车间负担的财产保险费用。

技术组织措施费。它是指生产工艺布局调整等原因发生的费用。

制造成本的主要构成

直接材料	企业在生产经营过程中所消耗的各种材料
直接工资	企业支付给直接从事产品的职工的工资和福利费
制造费用	企业生产车间的生产、管理生产和其他耗费

专家点评

成本总额的高低，不仅与产品的单位成本高低有关，而且与产品的品种结构也有关。这对于人们进行销售毛利率等盈利能力分析有着十分重要的意义。

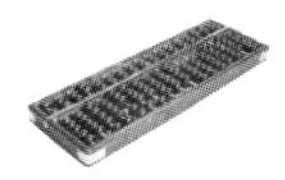

单位成本变动与固定成本

关键词：固定成本　单位变动成本

固定成本：是指成本总额不受业务量增减变动影响，在一定时期和一定业务量范围内保持不变的成本。

单位变动成本：是指每生产一单位产品而增加的成本，就是会随着产量的变动而变动的成本。

在会计中将成本分为固定成本和变动成本两种，固定成本也称固定费用，是指成本总额不受业务量增减变动影响，在一定时期和一定业务量范围内保持不变的成本。变动成本是相对成本总额而言的，是指会随着生产量的变动而以相应比例变动的成本。

单位变动成本是指成本总额会随着产量的变动相应变动的成本，单位变动成本是相对于总成本而言的。但是在企业的产量不变的情况下，无论总产量是如何变化，平均在每个产品单位的变动成本是不变的，例如原材料成本。

经典示例

单位变动成本与固定成本的形式

企业每生产一单位产品需要支付给工人10块钱的人工成本，这种形式的成本即为单位变动成本。

如果工人无论生产多少单位产品，企业都是按月支付2 500元工资成本，这种形式的成本即为固定成本。

单位变动成本的计算公式：

单位变动成本=变动成本/业务量

固定成本是指，在一定时期和一定产量范围内，成本总额不会随着产量增减变动而变动的成本。而每单位的固定成本会随着产量的增减变动呈反方向变动。因此，在成本总额固定的情况下，企业产量越小，每单位产品需要承载的固定成本就越高；反之，产量越大，每单位产品所承载的固定成本就越低。

如何区别固定成本和变动成本？一般情况下，是看该业务的总成本与总产量的变化关系，如果总成本会随业务量的增加而成本相应增加的成本项目，则为变动成本；如果不随产量变化而变化的成本项目，则为固定成本。

固定成本与单位变动成本区别

固定成本

成本总额不受产量增减变动影响，在一定时期和一定业务量范围内保持不变的成本

单位变动成本

每生产一单位产品而增加的成本，就是会随着产量的变动而变动的成本

专家点评

变动成本主要是，原材料费用及工人的计件工资等。固定成本主要包括，直接工人的固定工资、生产管理员的工资、房租、固定资产折旧等。

如何分析企业的盈利能力

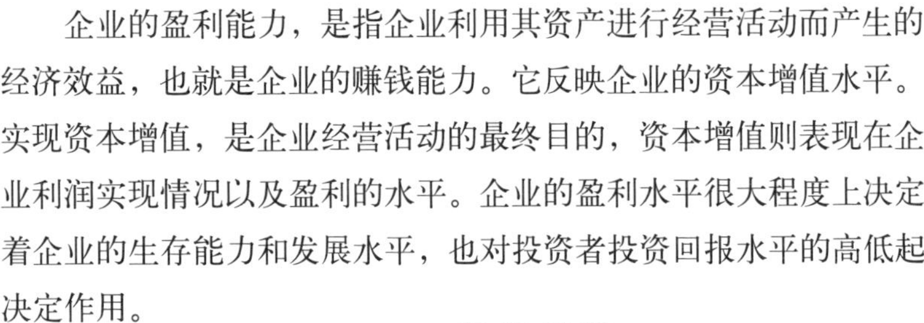

关键词：盈利能力

盈利能力：是指企业在经营活动中获取利润的能力。

企业的盈利能力，是指企业利用其资产进行经营活动而产生的经济效益，也就是企业的赚钱能力。它反映企业的资本增值水平。实现资本增值，是企业经营活动的最终目的，资本增值则表现在企业利润实现情况以及盈利的水平。企业的盈利水平很大程度上决定着企业的生存能力和发展水平，也对投资者投资回报水平的高低起决定作用。

盈利能力一般是通过财务比率的计算分析和评价，来看出企业的获利能力。企业经营所获得的利润越高，说明盈利能力强；如果利润低，则说明企业的获利能力低下。不管是企业老板、投资人、债权人都十分有必要了解企业的盈利能力。反映盈利能力的财务指标主要有营业利润率、资产报酬率、营业毛利率等。

资产盈利能力判断

2019 年，甲、乙两家公司的销售收入均为 100 万元，净利润为 25 万元。只看这两组数据，两家公司的业绩差不多，不好判断哪家公司的盈利能力强。如果甲公司的总资产为 300 万元，乙公司的总资产为 150 万元。那么就可以看出乙公司以更少的钱赚取同样的利润，所以可以判断乙公司的盈利能力比甲公司强。

因此，对于投资者而言，了解一个企业的盈利能力，可以判断是否值得投资。对于企业老板而言，分析盈利能力，可以帮助了解自身存在的问题，并做出有效决策。

反映盈利能力的财务指标

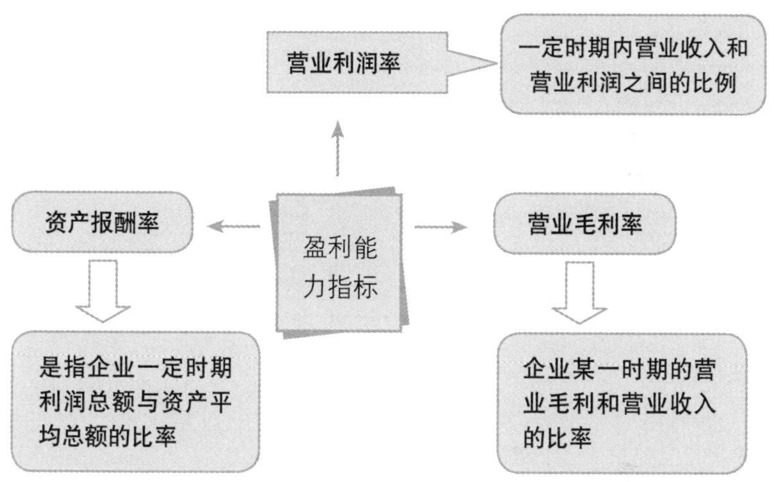

企业盈利能力分析的前提在于企业处于正常经营的情况。非正常的经营项目是指如证券买卖、重大事故、会计政策发生变更等。非正常的经营项目也会给企业带来损失或收益，属于特殊情况的结果。因此，在分析企业的盈利能力时应当将非正常项目排除在外。

营业利润率

关键词：营业利润率　主要业务

营业利润率：是指企业某一时期内营业收入和营业利润之间的比率。

主营业务：企业为完成其经营目标而从事的日常活动中的主要活动，在企业成立时就在营业执照上给予确定了。

营业利润是营业利润率的基础，一般来说，营业利润越高，营业利润率就越高。如果营业利润增加而营业利润率没有相应提高，则说明企业可以在营业成本和费用方面的支出较大，应注意控制营业成本，以提高营业利润率。

营业利润率是指企业一定时期内营业收入和营业利润之间的比率，即营业利润除以营业收入。营业利润率可以反映一个企业的主营业务获利的能力，也可以从侧面提示企业管理者的经营管理能力。一般情况下，企业的营业利润高，

营业利润率的计算

2019年10月，北京××有限公司实现的营业利润为30万元，营业收入为120万元，计算该公司的营业利润率则为：

营业利润30万元/营业收入120万元×100%=25%

表示营业利润占营业收入的25%

营业利润率的计算公式：

营业利润率=营业利润/营业收入×100%

说明企业生产的产品销量好、竞争力强，企业从中得到的利润也高。反之，营业利润低，表示企业主营业务经营不善，其产品在市场上的竞争力弱，企业能够获得的利润就相应较少。由于企业类型不同，营业利润率的参考值也有所不同。分析企业的盈利能力时，应当结合行业的特点，以及同行业的平均水平。对于工业企业来说，营业利润率维持在30%～40%较为合适；对于商业企业来说，该比率在10%～25%也合理。

北京××有限公司损益表

编制单位：北京××有限公司　　2019年7月　　单位：万元

		春季度		夏季度	
		金额	%	金额	%
4 110	销售收入总额	107		132	
4 170	销售退货及折扣	3		2	
4 100	营业收入	104	100	130	100
5 110	销售成本	70.72	68	87.1	67
5 910	销售毛利	33.28	32	42.9	33
	营业费用				
6 300	研究发展费用	10	9.61	10	7.69
6 100	管理费用	9.5	9.12	9.77	7.51
6 000	合计	19.5	18.75	19.77	15.21
6 900	营业利润	19.76	19	27.3	21
	营业外收入	1.05	1	1.25	1
7 100	利息收入	0.05		0.05	
7 130	股份固定资产收入	0.76		0.76	
7 150	技术财务收入	0.02		0.02	
7 170	保险理赔收入净额	0.18		0.18	
7 210	税金收入净额	0.6		0.4	
7 480	其他收入（附注16）	0.17		0.32	
7 100	合计	2.55	2	2.76	2

营业利润和营业收入的数据均取自利润表，两者相除便能得出营业利润率。

专家点评

虽然各个行业的营业利润率有差别，但是因为税收的存在，国家不允许通过正当经营获得暴利，所以企业只有不断开发新产品，通过提高产量来获得更多的利润。

营业毛利率

关键词：营业毛利率　营业成本

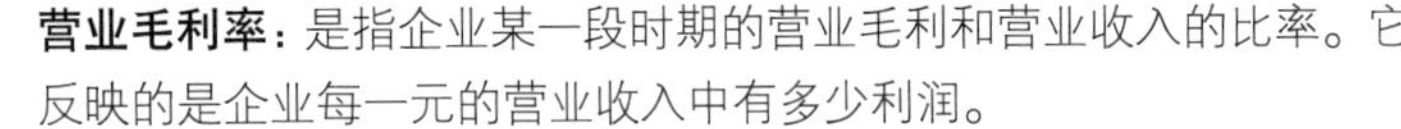

营业毛利率：是指企业某一段时期的营业毛利和营业收入的比率。它反映的是企业每一元的营业收入中有多少利润。

营业成本：生产者在为消费者销售商品或者提供劳务过程当中消耗的成本。

营业毛利率是分析企业获利能力的重要指标，企业营业收入需扣除一定的营业成本，所剩的差额即是盈亏数，如抵扣成本后所剩余的越多，说明企业的获利能力越强，赚取的利润越多，那么营业毛利也就越高。相反，如果营业毛利率低，表示企业的产品销售情况不好，或销售成本费用过大，导致毛利率偏低，则需要调整企业的产品销售方针。企业营业毛利率的参考值一般为15%。

营业毛利率的计算

2019 年，甲公司的营业收入为 300 万元，营业成本为 150 万元，计算企业的营业毛利率如下：

（营业收入 300 万元 − 营业成本 150 万元）/ 营业收入 300 万元 ×100% = 50%

表示每一元的营业收入中有 0.5 元的毛利率。

营业毛利率多少合适，主要还是看企业所属的行业类型和行业特征。对重工业行业的企业来说，如重型机械企业，毛利率在30% 以上为合理；对于轻工业企业，如纺织业，毛利率应不低于25%；对于服务型企业，应维持在40% 以上为合理。

人们要有清醒的认识：毛利率并不是越高越好。毛利率如果远超过同行业，那么可能是以下原因导致的：一是企业在管理成本上损耗过大，净利率并不高，高投入带来低回报；二是采用了不正当竞争手段。

北京××有限公司损益表

编制单位：北京××有限公司　2019年7月　单位：万元

		春季度		夏季度	
		金额	%	金额	%
4 110	销售收入总额	107		132	
4 170	销售退货及折扣	3		2	
4 100	营业收入	104	100	130	100
5 110	营业成本	70.72	68	87.1	67
5 910	销售毛利	33.28	32	42.9	33
	营业费用				
6 300	研究发展费用	10	9.61	10	7.69
6 100	管理费用	9.5	9.12	9.77	7.51
6 000	合计	19.5	18.75	19.77	15.21
6 900	营业利润	19.76	19	27.3	21
	营业外收入	1.05	1	1.25	1
7 100	利息收入	0.05		0.05	

营业毛利率的意义

专家点评

营业毛利率计算公式为：

营业毛利率＝（营业收入－营业成本）÷营业收入×100%

营业收入和营业成本数据都可以从利润表中获得。

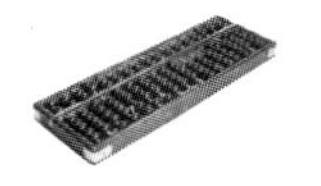

资产报酬率

关键词：资产报酬率　资产总额

资产报酬率：是企业一定时期内取得的收益总额与资产总额之间的比率。
资产总额：某一经济实体拥有或控制的、能够带来经济利益的全部有形无形、固定流动资产总计。

资产报酬率是企业一定时期内取得的报酬总额与资产总额之间的比率。它是评价企业利用资本运营的投入产出效益情况，可以衡量企业整体的盈利水平。一个企业的总资产报酬率越高，说明企业的资产利用效益越高，赚钱能力越强。如果总资产报酬率低，说明企业资产运营效益不高，企业的盈利

经典示例

北京××有限公司，2019年初的资产总额为350万元，年末的资产总额为400万元，税前利润为80万元，利息费用是5万元，计算该企业的资产报酬率如下：

（年初资产总额350万+年底资产总额400万）/2=375万

平均资产

（息税前利润80万/平均资产总额375万元）×100%=16%

资产报酬率

资产报酬率的计算公式为：

资产报酬率=息税前利润/平均资产总额×100%

息税前利润总额=利润总额+利息支出+所得税

平均资产总额=（期初资产总额+期末资产总额）/2

能力较低。资产报酬率可以反映企业老板或经营者的经营能力和水平。

北京××有限公司资产负债表

制表单位：北京××有限公司　2019年12月31日　单位：元

资产	2019年末	2019年初	增减金额	增减幅度
流动资产				
货币资金	80 010.84	58 541.68	21 469.16	36.67%
应收票据	2 035.35	2 248.51	−213.16	−9.48%
固定资产清理	20.02	17.98	2.04	11.39%
长期待摊费用	511.69	466.96	44.73	9.58%
递延所得税资产	1 414.66	841.20	573.46	68.17%
其他非流动资产	4 687.84	3 392.72	1 295.12	38.17%
非流动资产合计	320 885.79	282 865.30	38 020.49	13.44%
资产总计	487 005.21	423 253.44	63 751.77	15.06%

资产总额包括负债和所有者权益，利息费用是企业支付给债权人的报酬，所得税是企业应履行的义务，这两个部分都是在企业实现的利润当中扣除的，不能作为企业资产。因此在计算资产报酬率时，应在税前利润总额的基础，加上利息费用，从而准确计算企业资产的运营效率。

资产报酬率高低的意义

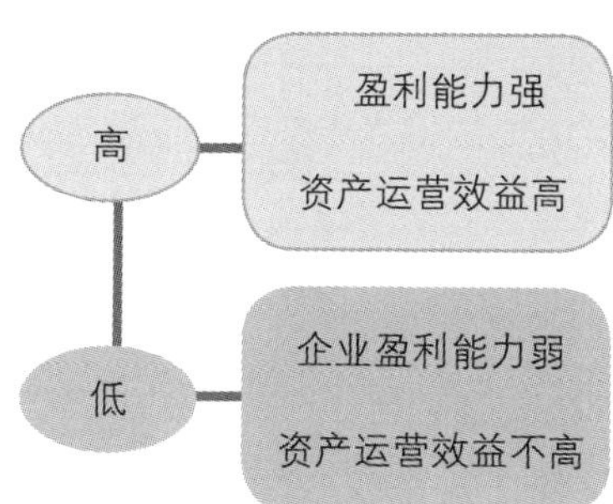

北京××有限公司损益表

制表单位：北京××有限公司　2019年7月　单位：万元

		春季度		夏季度	
		金额	%	金额	%
4 110	销售收入总额	107		132	
5 110	销售成本	70.72	68	87.1	67
5 910	销售毛利	33.28	32	42.9	33
	营业费用				
6 300	财务费用	10	9.61	10	7.69
6 100	管理费用	9.5	9.12	9.77	7.51
6 000	合计	19.5	18.75	19.77	15.21

专家点评

资产报酬率是最重要的，也是投资者最关心的。对投资者来说，企业究竟能为他们在一个阶段带来多少报酬才是最重要的。

认识资产负债表

公司欠了别人多少钱？下个月有账要还吗？下年度有账要收吗？公司怎么竟然一点债务都没有，太危险了；公司被债压得喘不过气来，该怎么办……

通过负债来增加资产是现代企业常见的发展手段。为了最恰当地把握负债和资产之间的平衡，最基本的前提是，作为企业管理者，要牢牢掌控资产负债表。

一份完整的资产负债表

****

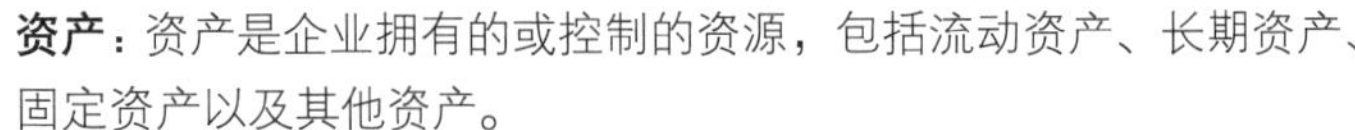

关键词：资产　负债　所有者权益

资产：资产是企业拥有的或控制的资源，包括流动资产、长期资产、固定资产以及其他资产。

负债：负债是企业将来需要以资产或者劳务偿还的债务。

所有者权益：指企业资产扣除负债之后的剩余，也是企业的净资产，为企业股东所拥有。

资产负债表也叫财务状况表，显示的是企业在一定时期内的财务状况，从企业的资产、负债和所有者权益的三方面反映企业状况。一张完整的负债表包括表头、资产、负债、所有者权益四部分。

资产负债表由表头、正表以及表尾三个部分构成。

经典示例

北京××有限公司2019年底，企业的负债总额为50万元，所有者权益为100万元，那么该企业的总资产为：

负债50万＋所有者权益100万＝资产150万

换个说法就是，资产扣除负债才是所有者权益——企业拥有者真正拥有的财富数量。

表头一般是由报表名称、单位名称、制表日期、货币名称和计量单位等部分组成。

正表是资产负债表的主体，分别列示了各项反映企业财务情况的项目。

表尾是企业财务人员、主管会计以及负责人的签章。

资产负债表

编制单位：　　　　时间：　　　　金额单位：人民币 元

资产	期末余额	上年年末余额	负债和股东权益	期末余额	上年年末余额
流动资产：			流动负债：		
货币资金			短期借款		
交易性金融资产			交易性金融负债		
衍生金融资产			衍生金融负债		
应收票据			应付票据		
应收账款			应付账款		
应收账款融资			预收款项		
预付款项			合同负债		
其他应收款			应付职工薪酬		
存货			应交税费		
合同资产			其他应付款		
持有待售资产			持有待售负债		
一年内到期的非流动资产			一年内到期的非流动负债		
其他流动资产			其他流动负债		
流动资产合计			流动负债合计		
非流动资产：			非流动负债：		
债权投资			长期借款		
其他债权投资			应付债券		
长期应收款			其中：优先股		
长期股权投资			永续债		
其他权益工具投资			长期应付款		
其他非流动金融资产			预计负债		
投资性房地产			递延收益		
固定资产			递延所得税负债		
在建工程			其他非流动负债		
生产性生物资产			非流动负债合计		
油气资产			负债合计		
无形资产			股东权益：		
开发支出			股本		
商誉			其他权益工具		
长期待摊费用			其中：优先股		
递延所得税资产			永续债		
其他非流动资产			资本公积		
			减：库存股		
			其他综合收益		
			专项储备		
			盈余公积		
			未分配利润		
非流动资产合计			股东权益合计		
资产总计			负债和股东权益总计		

负责人：　　　　会计主管：　　　　制表人：

资产是指企业拥有的或有控制的资源，预期会给企业带来经济利益的资源。资产按其流动性的不同可分为流动资产和非流动资产。流动资产主要包括现金、银行存款、应收账款、交易性金融资产、存货等项目组成。非流动资产包括固定资产、无形资产、持有至到期投资、长期股权投资、可供出售金融资产和长期待摊费用等项目组成。

资产负债表的组成

负债是指企业过去交易或者事项形成的现时义务，履行该义务会使经济利润流出企业。负债按偿还期限的不同，可分为流动负债和长期负债。流动负债是指偿还期限在1年以内的债务，主要包括短期借款、应付账款、应付利息、应付职工薪酬、应缴税费和其他应付款等。非流动负债是指偿还期限在1年以上的债务，主要由长期借款、应付债券、长期应付款等组成。

所有者权益也称股东权益，是指企业资产扣除负债之后的剩余，也是企业的净资产，为企业股东所拥有，反映了股东在企业资产中享有的经济利益。所有者权益主要由实收资本、资本公积、盈余公积和未分配利润等项目组成。

专家点评

资产负债表中最容易出差错的是无形资产和应付账款部分，经理和会计联手可以轻松地把公司的一部分未分配利润通过呆账转入负债。这种做法使左右数额相等，但是这种做法让公司的应付账款远远大于预收账款数额。

什么是资产

关键词：无形资产　递延资产

无形资产：是指企业长期使用而没有实物形态的资产。

递延资产：指企业不能全部计入当期的损失或收益，需在以后年度分期摊销的各项费用。

资产是指企业拥有的或有控制的资源，预期会给企业带来经济利益的资源，包括现金、银行存款、机器设备、厂房、投资收益等。资产按其形态的不同，可分为无形资产和有形资产。按使用期限的长短，又分为流动资产和非流动资产。我国会计实务中，将资产分为流动资产、长期投资、固定资产、无形资产、递延资产等类别。

经典示例

在“某某资产高达多少个亿”这种说法中，资产是一个广义的概念，是这个人（机构）所拥有的所有财富值总和，包括无形资产和一些永远无法变现的资产。假如周杰伦资产高达20亿，里面有一部分是周杰伦的名声价值（无形资产），很显然他不可能将自己“卖”了换现金。

流动资产

是指企业在一年或一个营业周期内可以转换成现金和可以运用的现金或现金等价物的资产，包括库存现金、银行存款、存货、交易性金融资产、应收利息、应收股利、其他应收款、应收款项和预付款项等。

资产负债表

制表单位：北京××有限公司　　2019年12月31日　　单位：元

资产	2019年末	2019年初	增减金额	增减幅度
流动资产：				
货币资金	80 010.84	58 541.68	21 469.16	36.67%
应收票据	2 035.35	2 248.51	-213.16	-9.48%
应收账款	29 200.98	29 648.39	-447.41	-1.51%
预付款项	3 824.67	3 586.41	238.26	6.64%
应收保费	132.57	130.53	2.04	1.56%
应收利息	1 418.17	1 164.45	253.72	21.79%
其他应收款	2 105.18	2 089.24	15.94	0.76%
存货	17 464.04	15 191.70	2 272.34	14.96%
一年内到期的非流动资产	41.66	44.99	-3.33	-7.39%
流动资产合计	164 391.7	391 001	25 390.7	18.27%
非流动资产：				
固定资产	42 374.15	38 478.82	3 895.33	10.12%
无形资产	1 727.72	1 387.14	340.58	24.55%
在建工程	10 168.34	7 395.53	2 772.81	37.49%
工程物资	757.58	484.26	273.32	56.44%
固定资产清理	20.02	17.98	2.04	11.39%
长期待摊费用	511.69	466.96	44.73	9.58%
递延所得税资产	1 414.66	841.20	573.46	68.17%
其他非流动资产	4 687.84	3 392.72	1 295.12	38.17%
非流动资产合计	320 885.79	282 865.30	38 020.49	13.44%
资产总计	487 005.21	423 253.44	63 751.77	15.06%

固定资产

固定资产是指使用年限超过一年，并在使用过程中保持原来物质形态的资产，包括厂房、机械设备、运输设备、器具等。

长期投资

长期投资是指企业在1年以前或者经营周期1年以上才能变现的投资，主要包括股票投资、债券投资和其他投资。

无形资产

无形资产是指企业长期使用而没有实物形态的资产，主要包括专利权、非专利技术、商标权、著作权、土地使用权、商誉等。

递延资产

递延资产是指企业不能全部计入当期的损失或收益，需在以后年度分期摊销的各项费用，包括开办费、租入固定资产的改良支出等。

专家点评

资产股是指拥有大量固定资产的企业的股票，固定资产多不代表企业的盈利能力强。

如何读懂流动资产

关键词：流动资产　现金　存货

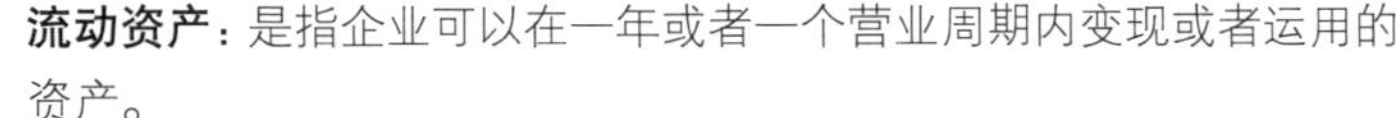

流动资产：是指企业可以在一年或者一个营业周期内变现或者运用的资产。

现金：是指企业的库存现金。

存货：存货是指企业在日常活动中的产成品、商品、半成品、在产品，以及在生产经营或提供劳务过程中耗用的材料、物料等。

流动资产是指企业可以在1年或1个营业周期内转换为现金，并且进行运用的资产。流动资产是企业资产中主要组成部分，主要包括现金、约当现金、应收账款、应付票据、交易性金融资产、存货等项目组成。

现金，指企业的库存现金，是企业流通性最强的资产。

中国货币发展

中国古代最早使用钱币的是夏朝，到了秦朝开始统一货币。宋代时期，开始使用纸币，当时被称为“交子”，而宋朝也成为世界上最早使用纸币的国家，但是“交子”的实物和样钞都已经遗失。目前已发现年代最早的“金代铜钞版”，收藏在博物馆中。

约当现金，指企业所持有的、可以兑换成现金的有价证券，如各种债券、可转让定期存单等。

应收账款，指企业因销售商品给其他企业，但货款尚未收取的款项。

应付票据，是指企业持有的并且在有效期内客户可以兑换成现

金的支票。

交易性金融资产，是指企业持有的债券投资、股票投资和基金投资。

存货，是指企业在日常活动中的产成品、商品、半成品、在产品等存货，以及在生产经营或提供劳务过程中耗用的材料、物料等。

流动资产的类别

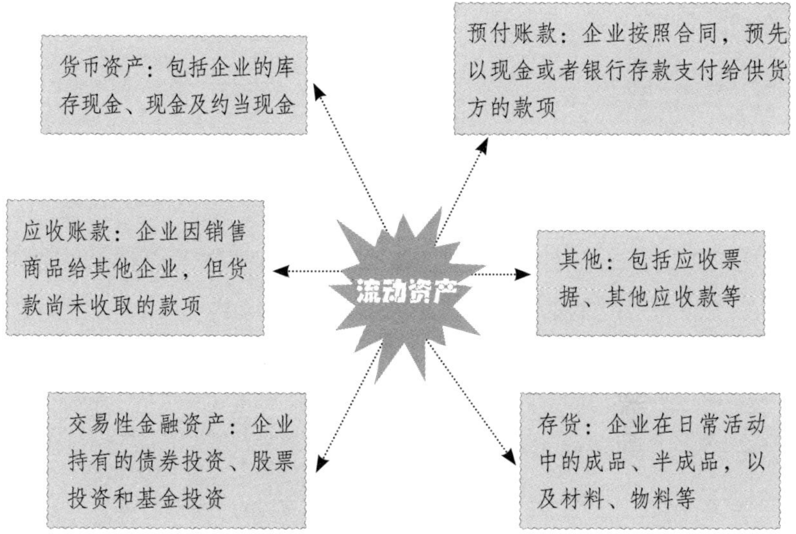

专家点评

流动资产按照资产流动性大小分为速动资产和非速动资产。速动资产，是指企业在短时间内可以转换为现金的流动资产，主要包括货币资金、交易性金融资产和各种应收款项。非速动资产，是指变现能力较慢的流动资产，包括存货、待摊费用、预付账款、一年内到期的非流动资产以及其他流动资产。

如何读懂非流动资产

****

关键词：非流动资产　无形资产

非流动资产：企业在一年内不可以将它变成现金的资产部分。

无形资产：没有固定形态，但是又能让所有人明确感受到其价值信息的资产。

非流动资产也称长期资产，是指企业拥有的需要在1个营业周期或1年以上才能转换为现金的资产。非流动资产由固定资产、无形资产、持有至到期投资、长期股权投资、在建工程、长期待摊费用、可供出售金融资产等组成，也就是企业流动资产以外的资产。

经典示例

我们在网上可以看到赵本山身价10亿，周杰伦身价12亿之类的新闻，这里所说的身价就是无形资产，是赵本山、周杰伦等拥有的非流动资产组成部分。很显然，即使是他们本人也无法将这部分资产变现，然而并不妨碍他们利用这个身价去获得报酬。也就是说，不管资产有什么形态，能否获得资产报酬是它的最基本评判标准。

无形资产包括专利权、商标权、金融资产和长期股权投资等。

固定资产是指企业房屋、建筑物、机器、机械、运输工具以及其他与生产有关的设备等有形的资产。

长期股权投资

长期股权投资是企业在1年或1年以上的经营周期之内能够转变

为现金的投资。例如公司的长期股票投资、长期债券投资。这部分资产是按照预定计划才可以实现的，但是随着市场变化它有可能变少，而增值的可能性微乎其微。

无形资产

无形资产包括专利权、商标权、金融资产和长期股权投资等。因为它们都对公司产生经济效益，但却是没有实体的资产，所以称为无形资产。这部分价值需要与同行业内比较才可以估算出，也是财务报表中最容易出现漏洞的部分。

资产负债表节选

非流动资产：	期末余额	上年余额
发放贷款及垫款	169 231.87	144 840.79
可供出售金融资产	34 583.74	32 117.21
持有至到期投资	39 982.11	40 753.01
长期应收款	270.48	184.95
长期股权投资	5 056.07	4 190.19
投资性房地产	1 180.29	1 030.46
固定资产	42 374.15	38 478.82
在建工程	10 168.34	7 395.53
工程物资	757.58	484.26
固定资产清理	20.02	17.98
生产性生物资产	16.47	11.04
油气资产	4 740.83	4 080.79
无形资产	5 124.05	4 160.10
开发支出	75.32	42.67
商誉	690.28	376.62
长期待摊费用	511.69	466.96
递延所得税资产	1 414.66	841.20
其他非流动资产	4 687.84	3 392.72
非流动资产合计	320 885.79	282 865.30

其他资产

除了上述类型的资产外，还有其他资产，即是除长期投资、固定资产、流动资产、无形资产以外的资产，例如存出保证金、出租资产、递延所得税资产等。

专家点评

其他资产额越大，表示公司的业务关系越复杂。

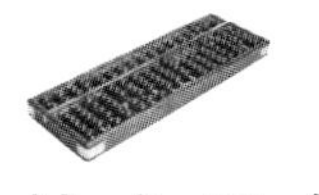

什么是负债

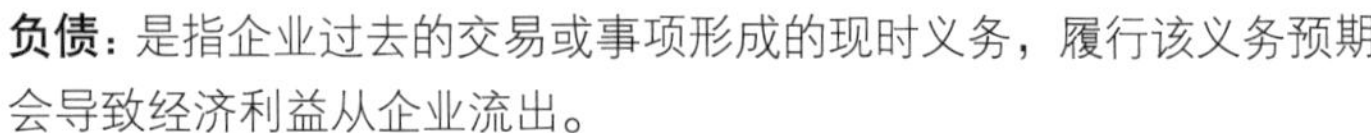

关键词：负债

负债：是指企业过去的交易或事项形成的现时义务，履行该义务预期会导致经济利益从企业流出。

企业利用自有资本进行生产经营很有局限性，于是就通过借别人的钱，来赚自己的钱。借来的钱需要定期归还，并支付一定的利息费用，这个义务即是企业的负债义务。

经典示例

北京××有限公司向银行借款200万元。这属于过去的交易或者事项所形成的负债。企业同时还与银行达成了2个月后借入2 000万元的借款意向书，该交易就不属于过去的交易或者事项，不应形成企业的负债。

负债是企业过去交易或事项形成的现时义务，履行该义务预期会导致经济利益流出企业。负债需要企业在日后承担的，需要以资产或劳务偿还的，从而导致企业未来经济利益的流出。负债代表着企业偿债责任和债权人对资产的求索权。负债除了企业向银行或其他金融机构的贷款，还包括因生产经营所需购买材料、货物等以及接受劳务而赊欠的款项、企业应交的税金、应付给职工的工资福利费、应付给股东的利润都属于企业的负债。

负债按流动性的不同，又分为流动负债和非流动负债。

流动负债，是指偿还期限是1年内或长于1年的一个营业周期的债务，包括短期借款、应付票据、应付账款、预收货款、应付工资、应交税金、应付利润、其他应付款等。

非流动负债也称长期负债，是指偿还期在1年以上的债务，包括长期借款、应付债券、长期应付款等。

负债具有以下三个特征：负债是企业过去交易或事项所形成的现时的债务；负债是企业未来需要偿还的债务；负债需要企业在未来通过货币资产或提供劳务进行偿还。

负债的分类和特征

负债是企业过去交易或事项所形成的现时的债务

负债是企业未来需要偿还的债务

负债需要企业在未来通过、资产或提供劳务进行偿还

流动负债，偿还期限在1年以内的债务

非流动负债，偿还期限在1年以上的债务

通俗地讲，资产就是能把钱放进你口袋里的东西；负债是把钱从你口袋里取走的东西。

企业负债大并不意味着企业经营不好，而是意味着该企业底蕴深厚，在市场上有着强大的人脉，所以能筹集到这么多资金。

如何读懂流动负债

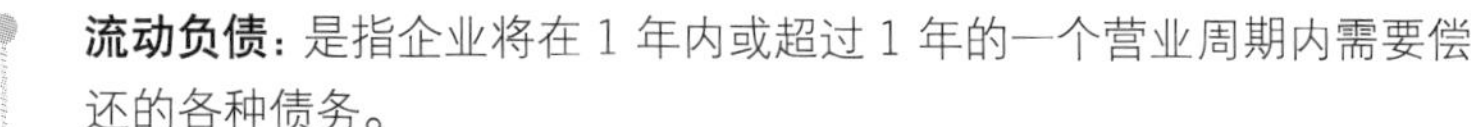

关键词：流动负债　短期借款

流动负债：是指企业将在 1 年内或超过 1 年的一个营业周期内需要偿还的各种债务。

短期贷款：是指企业向银行或者其他金融机构借入的、偿还期限在 1 年以内的借款。

流动负债：是指企业在1年以内或超过1年的一个经营周期内需要偿还的所有债务总和，其中包括短期借款、应付账款、预提费用、预收账款、应付工资、应付票据、应付股利和1年内到期的长期借款等。

短期借款：是企业为补充自身资金的不足，而向银行等金融机构借入的偿还期限在1年以内的各种贷款。

应付账款：是指企业因购买材料、商品或接受劳务等而向卖方支付的款项。

应付票据：是指企业用商业汇票的方式结算需要支付的价款，由出票人出票，委托付款人在指定日期无条件支付确定的金额给收款人或者持票人的票据，包括商业承兑汇票和银行承兑汇票。

预收款项：是指企业在销售行为发生之前，预先向购货单位收取的部分货款。

应付职工薪酬：是企业需要支付给员工的薪酬以及各种福利津贴，包括职工工资、福利费、医疗保险等。

资产负债表节选

负债及所有者权益	2019年末	2018年末
流动负债：		
短期借款	13 574.00	11 091.21
交易性金融负债	1 099.90	1 256.02
应付票据	3 001.31	2 471.36
应付账款	11 064.40	10 134.12
预收款项	6 218.15	5 748.26
卖出回购金融资产款	3 634.08	7 671.29
应付手续费及佣金	37.26	30.42
应付职工薪酬	1 933.66	1 977.77
应交税费	2 319.22	2 771.01
应付利息	1 935.00	1 419.78
其他应付款	4 742.27	4 760.73
1年内到期的非流动负债	2 662.27	2 096.75
其他流动负债	3 539.06	2 887.18
流动负债合计	370 062.81	318 632.97

应交税费：是指企业需依法缴纳的各种税金，包括增值税、营业税、城建税、教育费附加等。

应付利息：是指企业照合同约定应支付的利息，包括分期付息到期还本的长期借款、企业债券等。

其他应付款：是指企业商品交易以外发生的各种应付或预收款项。

1年内到期的非流动负债：是指企业在1年以内需要偿还的到期债款。

专家点评

职工的医疗保险和住房公积金费用，应根据政府规定，企业应按照职工工资总额的10%计提医疗保险、12%养老保险、2%失业保险、10.5%的住房公积金，缴纳给当地社保局和住房公积金管理机构。

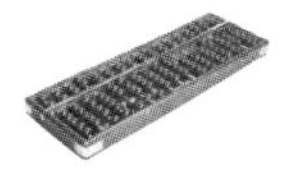

如何读懂长期负债

****

关键词：长期负债

长期负债：是指企业超过 1 年或 1 年以上的营业周期的债务。

经典示例

有些长期负债等于无债，并不影响企业经营。比如老国有企业大多亏损很多，欠当地银行很多钱，但是因为政府担保后，其只需要偿还利息。

在企业的负债中，长期负债的数额往往比较大，而且因为利息的累加，所以往往对企业的资金流动带来巨大的压力。虽然在会计准则上，长期负债在1年内到期就变成短期负债，也就是说长期负债本身并没有对企业产生压力。然而长期负债数额越大，那么越需要在几年前确定偿还方式和手段。

长期负债是指期限超过1年的债务，也就是下一年度或者下一个营运周期内不需要归还的债务，一般包括应付公司债、应付退休金债、未实现售后租回利益等。

应付公司债

一般规模较大的公司会为了筹措资金，会发行期限为5～10年不等的公司债，并且每年固定派发利息给投资人。

其他长期应付款项

不属于以上各项应付长期债务的都属于其他长期应付款项。例如，某公司每年付给外国公司的专利授权费用40万，这种费用就属于长期应付款项。

资产负债表

非流动负债:				
长期借款	12 119.75	10 009.69	2 110.06	21.08%
应付债券	5 215.01	3 936.12	1 278.89	32.49%
长期应付款	994.02	799.05	194.97	24.40%
专项应付款	104.72	92.85	11.87	12.78%
预计负债	426.13	339.69	86.44	25.45%
递延所得税负债	594.75	1 120.74	–525.99	–46.93%
其他非流动负债	20 227.24	16 804.96	3 422.28	20.36%
非流动负债合计	39 681.62	33 103.10	6 578.52	19.87%
负债合计	409 744.43	351 736.07	58 008.36	16.49%

应付退休金负债

公司会根据员工退休办法提列一定的退休基金。通常成立时间越长的公司，应付退休金负债越高。

未实现售后租回利益

如果公司将固定资产出售后再将其租回，那么应从出售后的金额中扣除每年的租金。这样逐年扣除，出售后的利润会一步步减少，这时账上就会出现未实现售后的租回利益。

专家点评

流动负债和长期负债的区别在于修正年限的不同，相比于流动负债，长期负债的利息率更高，且其需长期偿还利息。

如何读懂所有者权益

****

关键词：净资产　外币报表折算差额

净资产：是指属于企业所有者拥有的资产，它是总资产减去负债后的余额。

外币报表折算差额：是指由于外国企业交易时用的是外币，汇率折算时形成的汇兑差额损益。

所有者权益也称股东权益，是指企业总资产减去总负债之后的剩余，也是企业的净资产，反映企业所有者在企业资产中享有的经济利益。所有者权益主要由实收资本、资本公积、盈余公积和未分配利润等项目组成。

经典示例

北京××有限公司的总资产为200万元，其中有90万元是企业的各种负债总额。那么该公司的所有者权益为：

总资产200万－负债总额90万＝所有者权益110万元

为企业所有者拥有的权益

实收资本：是指按照公司章程规定，投资者投入企业的资本总额。

资本公积：是指企业资本自身升值或由于其他原因导致企业投资者的权益增加，如资本溢价、发行股票。

库存股：企业从股票市场上买回自己发行的股票。

盈余公积：是企业每年在实现净利润的基础上，按国家规定以10%的比例提取的留存于企业的累计。

外币报表折算差额：是指由于外国企业交易时用的是外币，汇率折算时形成的汇兑差额损益。

未分配利润：是指企业留存以后年度分配的利润或待分配利润。

外币报表折算差额会计处理方法有递延处理法和计入当期损益两种。递延处理法，是将折算差额列入所有者权益，并单列项目反映。这种方法有利于保持会计报表各相关项目原比例，便于进行财务对比分析。计入当期损益，是指将折算差额计入损益，列入利润表。这样可以真实反映企业所承受的汇率风险。由于外币报表折算差额是未实现的损益，记入当期损益的话会影响利润的计算准备。

资产负债表

股东权益：		
实收资本	24 261.81	22 847.03
资本公积	22 530.49	23 064.61
减：库存股	1.02	0.97
盈余公积	6 916.32	5 640.70
一般风险准备	2 330.11	1 539.51
未分配利润	15 517.98	13 306.36
外币报表折算差额	–391.07	–184.95
少数股东权益	6 096.16	5 305.08
所有者权益合计	77 260.78	71 517.37

专家点评

和负债人权益不同，所有者权益并不需要偿还本金，而且所有者在享受这些权益的时候必须承担无限连带责任或者有限连带责任。也就是说，如果企业亏损，那么就意味着所有者权益变成负数——所有者需要为企业损失买一部分单。

如何读懂应收账款

****

关键词：应收账款　应收账款周转率

应收账款：是指企业因销售商品或提供劳务，应向购买方收取的货款。

应收账款周转率：一定时期内公司的应收账款转化为现金的效率。

经典示例

2011年贺岁电影《人在囧途》中，开场那个被员工逼债的老板无奈之下，只能拿出一堆欠条，让员工各自去催款。这很显然就是公司应收账款周转出了大问题，以致呆账、坏账过多，影响了企业的正常运行的典型例子。

应收账款是企业因销售商品、提供劳务等应向购买单位收取的款项，以及代垫费用等。企业的应收账款是随着销售行为的发生而形成的一项债权业务。应收账款的确认与收入的确认是密切相连的。一般在确认收入的同时，确认应收账款。应收账款是企业非常重要的一项资金管理内容，因为应收账款的回收情况直接影响企业资金周转和资金运营效益情况。

企业应收账款形成的原因主要有以下两种：

一是商业竞争。商业竞争是应收账款发生的主要原因。在现行经济条件下，企业间面临着激烈的商业竞争。在这种竞争机制下，企业为扩大销售量和增加产品的竞争力，而采用赊销的方式销售产品，从而形成了应收账款。应收账款对企业而言，是一种商业信用。

二是销售和收款的时间差。由于商品交易发生的时间和货款收取的时间不一致，从而导致应收账款的产生。

因为应收账款产生的特殊性，造成应收账款表现出以下三大特征：

1.应收账款不包括应收债务人的利息、应收职工欠款等其他应收款；

2.应收账款是指流动资产项目的债权，不包括长期的债权；

3.应收账款包括本企业应向客户收取的款项，不包含企业付出的各类存出保证金，如投标保证金等。

应收账款的特征和形成

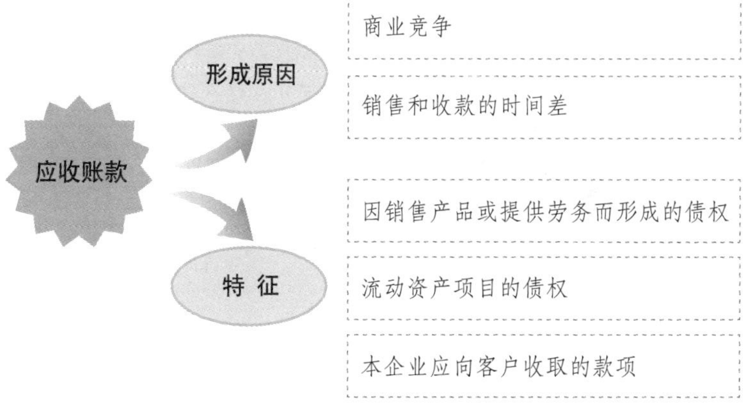

专家点评

坏账损失的确定标准

应收账款确认为坏账损失的条件主要有以下两种情况：一是因债务人破产或死亡，破产清偿或遗产清偿后仍无法回收的应收账款；二是债务人逾期未偿还，并明显表明无法收回的应收账款。

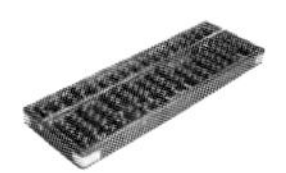

如何计提坏账准备

****

关键词：坏账准备　坏账

坏账准备：是指对企业应收账款计提的，用于抵销无法收回的应收账款。

坏账：是指企业无法收回或回收可能性极小的应收账款。

坏账准备是指企业应收账款计提的，用于抵销无法收回的应收账款，是应收账款的备抵账户。企业核算坏账损失一般是采用备抵法。备抵法是指，采用一定方法按期（每年年末）估计和提取坏账准备，并计入当期费用。如果坏账发生，直接将提取的坏账准备冲减坏账损失，并转销相应的应收账款的一种会计处理方法。坏账是指企业不能回收或极大可能收不回来的应收款项。坏账损失是指企业实际发生坏账而产生的损失。

余额百分比法的计算

2019 年末，北京 ×× 有限公司的应收账款余额为 100 000 元，公司根据风险特征估计坏账准备的提取比例为应收账款余额的 0.5%。那么该公司本期应计提的坏账准备额为：

100 000 元 ×0.5%=5 000 元

本年应提坏账准备

在实际工作中，坏账准备的计提方法主要有四种：余额百分比法、账龄分析法、销货百分比法和个别认定法。

余额百分比法：是指按期末应收账款余额的一定比例估计坏账

损失的办法。坏账的比例由企业往期的经验自主确定。

账龄分析法：是指根据应收账款账龄的长短，估计坏账损失的方法，即根据账龄的长短确定不同的计提比例。一般来说，账龄越长的应收账款，其坏账的可能性越大。

销货百分比法：是指根据企业当期的销售额的一定比例估计坏账的方法。比例可根据企业以往坏账与销售总额的关系确定。

个别认定法：是指针对不同的应收账款情况分别估计坏账的方法。根据经验判断，对于一些比较难收回的应收账款进行个别认定，可相应提高坏账准备的计提比例。

在实际工作中，在同一会计期间内运用个别认定法的应收账款，不能同时用其他方法再计提应收账款的坏账准备。

坏账准备计提方法

坏账准备计提方法

账龄分析法
根据应收账款账龄的长短，估计坏账损失的方法

余额百分比法
是指按期末应收账款余额的一定比例估计坏账损失的办法

销货百分比法
根据企业当期的销售额的一定比例估计坏账的方法

个别认定法
指针对不同的应收账款情况分别估计坏账的方法

专家点评

在账务处理上，坏账的确定必须十分慎重，因为这是一个最容易让财会人员钻空子的环节。会计可以和债务人联合，将坏账收回一半，而自己在账务上全部计入坏账，造成公司的财务损失。

如何认识存货

****

关键词：存货

存货：企业在日常经营活动中，持有的准备出售的各种资产，包括各种原材料、商品、产成品、在产品、半成品以及生产所需消耗的各种材料和物料等。

存货是指企业在日常经营活动中，持有的准备出售的各种资产，包括各种原材料、商品、产成品、在产品、半成品以及生产所需消耗的各种材料和物料等。存货是为了保证生产经营过程的持续进行，因此，企业需要不断地购入、消耗以及销售存货。存货是企业流动资产中比重较大也是主要的流动资产项目，也是企业生产经营过程中的必要条件。

经典示例

存货与固定资产等非流动资产的区别：企业持有存货的最终目的是为了销售，不论是直接可用于销售的，还是需要进一步加工才能出售的产品。直接可供销售的产品包括产成品、商品等；需要进一步加工方可出售的产品,包括原材料、正在生产的产品等。

企业的存货一般包括原材料、商品、产成品、在产品、半成品、周转材料等。

原材料：是指企业在生产过程中，经过加工而改变其性质或形态成为商品，包括主要材料、辅助材料、包装材料以及外购半成品等。

商品：是指商品经过生产加工完成验收入库或流通企业外购的准备出售的各种商品。

存货的内容

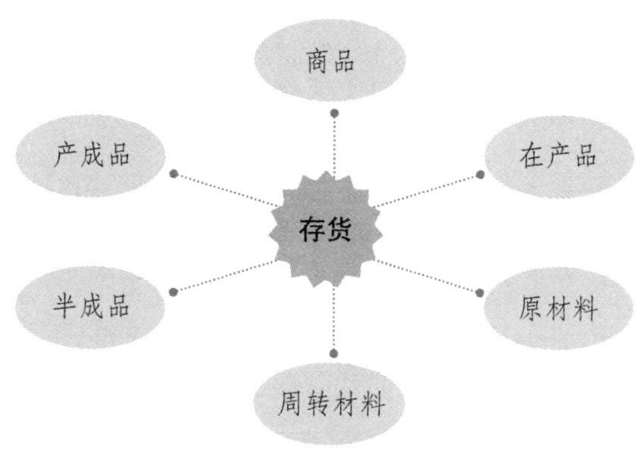

产成品：是指生产企业加工完成可以用于销售或按合同规定条件交付订货单位的产品，企业为外单位加工产品或接受外来代加工产品，经验收或交付后视作企业的产成品。

在产品：是指企业正在生产加工还未完成的产品，包括正在加工的产品、已完成但尚未检验以及已经检验但尚未办理入库手续的产品。

半成品：是指经过生产工序并检验合格的半成品转移仓库保管，但还未完成整个制造过程成为产成品，还需进一步加工的产品。

周转材料：是指企业可以重复使用，但又不符合固定资产定义的材料，如包装物、各种工具、管理用具、劳动保护用品等低值易耗品材料。如果是符合固定资产定义的周转材料，应视作固定资产处理。

专家点评

只有相关的经济利益可能变成利润并且成本可以计量的企业商品才可以被确认为存货。

如何读懂应收票据项目

关键词：应收票据　商业票据

应收票据：是指企业持有的尚未到期兑现的商业票据。
商业票据：指由金融公司或某些信用较高的企业开出的无担保的短期票据。

经典示例

北京××有限公司有一张面值为2 000元，期限为90天，票面利率为10%的商业汇票，到期价值为：在实际业务中，为了便于计算，一般把一年定为360天，利率则以年利率表示。

2 000元×（1+10%×90/360）=2 050元

应收票据是指企业持有的尚未到期兑现的商业票据，是其上记有付款日期、付款地点、付款金额和付款人的无条件支付的商业证券，可以转让，即由持票人自由转让给他人的债权凭证。通俗一点来讲，就是票据持有人可以在未来某一天无条件取得现金的书面协议。应收票据按期限的长短，可分为短期应收票据和长期应收票据，一般没有特别指明，应收票据即为短期应收票据。按是否带息票据，又分为带息应收票据和不带息应收票据。带息应收票据是指，票面上注明利息的应收票据，在兑现时，利息需要另外计算。不带息应收票据是指票面不带利息的应收票据，是将票据和利息计入票面，即票据到期值等于票据面值。

票据到期时，持票人可向承兑人收取票据款。在会计实务中，

票据的期限可以按月、日两种表示。按日计算，则需要以足额日为准，如1月1日开出的60天商业汇票，到期日则是3月29日。如按月计算，则应以足月为标准，兑现时按到期月份的对日确定，若到期月份无此对日，则按该月份的最后日确定。例如8月31日开出的6个月商业汇票，到期日应为下一年的2月28日，如有29日的则29日为到期日。

应收票据的类型

按期限长短	按是否带息
长期应收票据	带息应收票据
短期应收票据	不带息应收票据

如果商业承兑汇票到期，但付款人无能力支付票款，企业收到银行退回的商业承兑汇票、委托收款凭证、未付票款通知书等，应按应收票据的账面价值记账，借：应收账款，贷：应收票据科目，以后不再计提利息。

计算公式为：

票据到期价值=票据面值×（1+票面利率×票据期限）

专家点评

票据未到期时的价值计算比较复杂，其需要根据财务管理的货币时间价值进行计算。

如何核算长期股权投资

关键词：长期股权投资　股权

长期股权投资：企业通过持有被投资企业的股份而起到控制被投资单位或对其有重大影响的目的，此时企业持有被投资单位的股份就是长期股权投资。

股权：股票持有者所具有的与其拥有的股票比例相应的权益及承担一定责任的权利。

长期股权投资，是指企业为获得另一企业的股权而进行的长期投资。这种投资的主要目的是强化和控制其他企业的财务和重大经营决策。它不像短期投资——获取短期的经济利益的投资。投资企业通过股权投资达到控制另一个企业，或者加大对该企业的经营决策的影响，从而使被投资企业采取有利于投资企业的经营方针，是一种长期的经济利益。但如果被投资单位经营业绩不好，或进行破产清算，投资企业作为该企业股东，则需承担相应的投资损失。

股权投资收益的计算

北京××有限公司，2018年2月1日购入A公司新发行的股票10万股，占该公司有表决权股份的30%。1年以后，A公司报告净收益为1 000万元，发放股利500万元。那么北京××有限公司现金股利收入为：

500万元×30%=150万元

长期股权投资对被投资企业产生的影响，一般可分为四种类型：

长期股权投资类型

控　　制	拥有决定一个企业的财务和经营政策的权力并能从经营活动中获得利益
共同控制	按约定对被投资企业的某项经济活动所共有的控制
重大影响	一个企业对其他企业的财务和经营决策有参与权，但并不决定这些政策
无控制、无共同控制且无重大影响	在市场中没有报价，不能有效计量的公允价值的权益性投资

控制；共同控制；重大影响；无控制、无共同控制且无重大影响。

控制：是指拥有决定一个企业的财务和经营政策的权力，并能从该企业的经营活动中获得利益。一般被投资单位称为投资单位的子公司。

共同控制：是指按约定对被投资企业的某项经济活动所共有的控制。这种情况一般为被投资企业是投资企业的合营企业。

重大影响：是指一个企业对其他企业的财务和经营决策有参与权，这种情况，一般是被投资企业为投资企业的联营企业。

无控制、无共同控制且无重大影响：是指在市场中没有报价，不能有效计量的公允价值的权益性投资。

专家点评

在我国，取得长期股权投资的方式主要有以下两种：第一种是通过证券市场，以货币资金购买其他企业的股票，从而成为该企业的股东；第二种是以资产对其他单位进行投资，成为该企业的股东。

如何进行固定资产计价

****

关键词：固定资产计价　原始价值

固定资产计价：是指用一定的方法对企业的各种固定资产的价格进行计量确认。

原始价值：固定资产购入时买价、税费、运费、安装费等所有杂费的总计。

固定资产是指使用期限较长、价值较高并且在使用过程中保持原有实物形态的资产，包括房屋、建筑物、机器设备、运输设备、工具器具等。在企业中，作为固定资产核算和管理的资产应具备以下特征：企业拥有固定资产是为生产经营使用所需，而不是租赁或出售等目的；使用的期限至少超过1年或一个大于1年的经营周期；使用寿命有限（除土地外）；单位价值较高，并且其价值会通过使用期内的损耗摊销到成本和费用中去。

经典示例

房地产市场在我国近年来一直处于飞速增长阶段，因此很多企业都赶上这股潮流，将公司的固定资产（比如厂房）抵押出去，然后筹集到大量资金，迅速扩大规模。然而也因此造成了很多的虚假财务报表，表面上公司每年资产都在大量增加，而实际上增长的是一些“死”资产，和真正效益高低无关。

固定资产是指同时具有下列特征的有形资产：为生产商品提供劳务出租或经营管理而持有的、使用寿命超过一个会计年度。

固定资产的计价方法主要有：按历史成本计价、按重置完全价值计价、按净值计价三种。

按历史成本计价：历史成本是指企业购建某项固定资产所产生的一切合理必要的支出。一般也称原始价值或原始购置成本，采用历史成本计价确定固定资产的价值，具有一定的客观可验证性。是以实际发生的并且有凭证证明的支出，以确定固定资产的价值。另外，计提折旧也是采用历史成本计价方式。

按重置完全价值计价：重置完全价值也称现时重置成本，是指在当时的生产条件下，购建相同的固定资产所需要的全部费用支出。这种方式虽然可以较为准确地反映固定资产的现时价值，但也会使实际操作复杂化。因此，这种方法一般仅在清查财产中确定盘盈的固定资产价值时使用。

按固定资产净值计价：固定资产净值是指固定资产原始价值或重置完全价值，减去已提折旧后的净额。这种方法主要用于计算盘盈、盘亏、毁损固定资产的损益等。

固定资产计价方法

按历史成本计价

是指企业购建某项固定资产所产生的一切合理必要的支出

按重置完全价值计价

在当时的生产条件下，购建相同的固定资产所需要的全部费用支出

按净值计价

固定资产原始价值或重置完全价值，减去已提折旧后的净额

专家点评

根据《企业会计准则》和会计制度规定，我国企业的固定资产计价必须采用历史成本计价。

固定资产折旧

****

关键词：固定资产折旧　折旧

固定资产折旧：指企业在一定的经营时期内，由于固定资产在使用过程中发生的损耗而按规定的折旧率提取的固定资产折旧。

折旧：任何物品在使用过程，都会发生的磨损等逐渐贬值现象。

经典示例

企业需要计提折旧的固定资产主要有以下几种类型：房屋建筑物；机器设备、运输车辆、工具器具；季节性停用及修理停用的设备；以经营租赁方式租出的固定资产和以融资租赁式租入的固定资产。

固定资产折旧，指企业在一定的经营时期内，由于固定资产在使用过程中发生损耗而按规定的折旧率提取的固定资产折旧。

固定资产的损耗一般分有形损耗和无形损耗两种。有形损耗也称物质损耗，是指固定资产在使用过程中，价值和使用价值发生的损失，无形损耗也称精神损耗，是指由于生产力的提高或科技的进步给固定资产的价值带来的损失，主要表现在机器设备、电子设备等价值贬值上。

固定资产折旧计算方法可以分为两类，分别是直线法和加速折旧法。其中，直线法又包括年限平均法和工作量法；加速折旧法包括年数总和法和双倍余额递减法。企业在选择固定资产折旧方法时，应根据固定资产预期实现的经济利益不同，选择合适的计提方式。

在实际工作中，企业一般按月计提固定资产折旧，对于当月增加的固定资产，当月不计提折旧，从下月开始计提折旧；当月减少的固定资产，当月仍需计提折旧，从下月起不再计提折旧。对于已经提足折旧后的固定资产，不管是否继续使用，都不需再提取折旧。如果是提前报废的固定资产，也不再计提折旧。

计提折旧的年限因价值和使用期限的不同而有所差异。一般如房屋等固定资产计提的年限则相对较长，而对于电子设备、器具等固定资产计提的年限则相对短一些。

有时候，一些事实上的折旧并不需要计入固定资产贬值中，主要有下列条件：已经提足折旧还要使用的固定资产；以前年度已经估价单独入账的土地；提前报废的固定资产；以经营租赁方式租入的固定资产和以融资租赁方式租出的固定资产。

部分固定资产折旧年限

序号	固定资产项目	最低折旧年限（年）
1	房屋、建筑物	20
2	飞机、火车、轮船、机器、机械和其他生产设备	10
3	与生产经营活动有关的器具、工具、家具等	5
4	飞机、火车、轮船以外的运输工具	4
5	电子设备	3

专家点评

固定资产折旧年限到期，并不意味着这份固定资产的价值完全流失。比如车床，折旧年限是10年，然而10年后，这些车床依然可以使用，只是生产的产品合格率低下。

如何认识无形资产

****

关键词：无形资产

无形资产：是指为企业拥有或控制的，没有实物形态，并且在将来能给企业带来经济利益的资产。

无形资产就是没有实物形态，看不见、摸不着的资产。企业的无形资产即是企业拥有或控制的没有实物形态的非货币性资产。无形资产包括专利权、商标权、著作权，特许权、非专利技术、土地使用权等。

经典示例

广义的无形资产包括货币资金、应收账款、金融资产、长期股权投资、专利权、商标权等，因为它们没有物质实体，而是表现为某种法定权利或技术。但是，会计上通常将无形资产作狭义的理解，即将专利权、商标权等称为无形资产。

专利权：是指国家专利主管机关依法授予发明创造专利申请人对其发明创造在法定期限内所享有的专有权利，包括发明专利权、实用新型专利权和外观设计专利权。

非专利技术：也称专有技术，是指不为外界所知，在生产经营活动中已采用了的、不享有法律保护的、可以带来经济效益的各种技术和诀窍。

商标权：是指专门在某类指定的商品或产品上使用特定的名称或图案的权利。

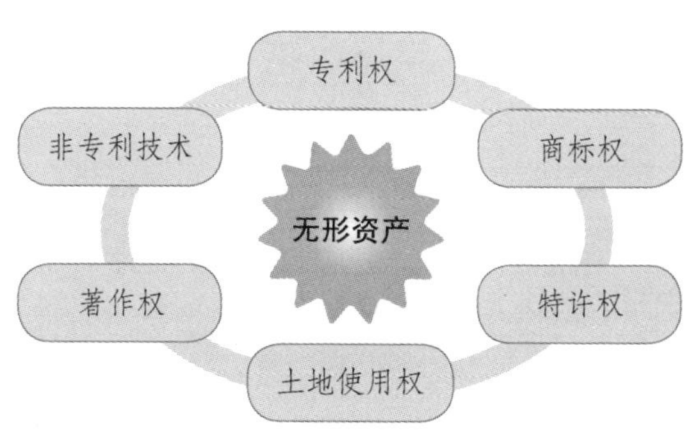

著作权：制作者对其创作的文学、科学和艺术作品依法享有的某些特殊权利。

特许权：又称经营特许权、专营权，指企业在某一地区经营或销售某种特定商品的权利或是一家企业接受另一家企业使用其商标、商号、技术秘密等的权利。

土地使用权：指国家准许某企业在一定期间内对国有土地享有开发、利用、经营的权利。

只有满足相关经济利益流入总利润并且成本能够计量的资产才能确认为无形资产。如果一项资产所产生的经济利益预期使企业产生经济利润，那么该资产项目，就不能确认为企业的无形资产。企业在确认无形资产所产生的经济利益预期是能流入企业，那么就需要对无形资产所能使用的期限等因素进行合理估计。也就是说无形资产的成本必须是可计量的。

专家点评

对于企业自创品牌、商誉等，由于成本不能可靠计量，故不能作为无形资产加以确认。

无形资产计价和摊销

关键词：无形资产计价　无形资产

无形资产计价：无形资产按照取得时的实际成本计价。

无形资产：（参见“如何认识无形资产”一节）

无形资产的计价比较复杂，由于其来源和形成有多种多样，如有些是经过专门开发，有的是实践经验的总结，或者是企业自有的无形资产，例如一些秘密配方、技术等生产技能，其价值很难确切计量。因此，在对无形资产进行计价时应区别以下四种情况：

经典示例

2018 年 10 月，北京 ×× 有限公司购入一项无形资产，价款为 12 万元，摊销年限为 10 年，计算企业每月的无形资产摊销额为：

12 万元 /10/12=1 000 元

第一种，投资者投入的无形资产，应按合同、协议约定或评估确认的金额计价。

第二种，企业购入的无形资产按实际支付的价格计价。

第三种，自行开发并依法申请取得的无形资产，按其开发过程中的实际支出计价。

第四种，接受捐赠的无形资产按其发票金额或市场同类无形资产的价格计价。

无形资产计价入账后，企业应从受益之日起，进行摊销计算。

无形资产计价应区别的情况

第一种　投资者投入的无形资产，应按合同、协议约定或评估确认的金额计价。

第二种　企业购入的无形资产按实际支付的价格计价。

第三种　自行开发并依法申请取得的无形资产，按其开发过程中的实际支出计价。

第四种　接受捐赠的无形资产按其发票金额或市场同类无形资产的价格计价。

无形资产的摊销年限，分以下几种情形：1.对于投资或接受捐赠的无形资产，按合同或者企业申请书分别规定有效期限和受益期限的，按受益年限短的原则确定。即有效期限与受益年限相比，以年限短的作为无形资产的摊销年限。2.对于法律没有规定使用年限的，按照合同或申请书的受益年限确定。3.对于法律和合同或者企业申请书确定使用年限的以及自行开发的无形资产，其摊销期限不少于10年。

我国目前对无形资产的有效使用期限有硬性规定的，主要是专利权和商标权两种：发明专利权的法定期限为15年；外观设计专利权的法定有效期限为5年。

专家点评

近几十年年来，随着科技的发展，无形资产在企业资产当中的比例越来越重。企业的无形资产一方面代表的是企业资产的一部分，其可以用来筹资或者投资；另一方面，无形资产也代表企业的技术资产，具有极为强大的收益能力，是企业核心竞争力的体现。

如何分析企业的偿还能力

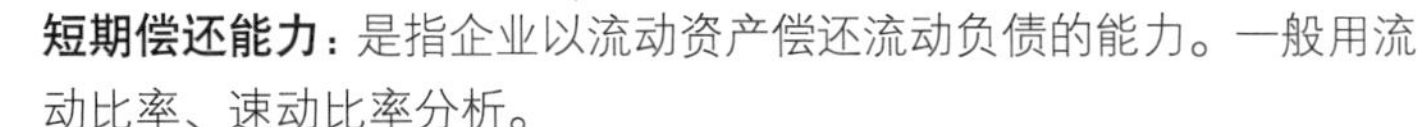

关键词：短期偿还能力　长期偿还能力

短期偿还能力：是指企业以流动资产偿还流动负债的能力。一般用流动比率、速动比率分析。

长期偿还能力：是指企业偿还长期负债的本金和利息的能力。一般用利息保障倍数分析。

负债经营是现代企业较为普通的一种经营方式，这种方式的困难主要来自债务偿还。对于债权人来说，企业的偿还能力如何，直接关系到其资金安全性以及能否收回本金和利息。因此，不管是企业老板或是投资者，都十分关心企业的偿还能力。通过对偿债能力的分析，可以考察企业持续经营的能力和风险，有助于老板预测企业未来收益。

经典示例

资不抵债并不意味着企业要破产。

假设某企业公司的资产总额为100万元，负债总额为150万元，这时企业已经是资不抵债了。而企业预期下期的收入为40万，而下期需偿还的债务为30万，而这时，企业仍是可以偿还债务的，因此，法院无权宣告其破产。

偿债能力是指企业偿还长期债务与短期债务的能力。

短期偿债能力是指企业以流动资产偿还流动负债的能力，短期偿债能力的衡量指标主要有流动比率、速动比率等。

长期偿债能力是指企业有无足够的能力偿还长期负债的本金和

利息。衡量企业长期偿还能力有利息保障倍数等指标。

偿债能力的标准因行业不同，其标准也会有所不同。分析时，应根据企业所在行业的情况区别分析，最好与同类型企业的平均数比较。

评价偿还能力的财务指标

财务比率	计算公式	所表示的意义	比率标准
流动比率	流动资产率= 流动资产 / 流动负债 × 100%	评价企业利用流动资产偿还短期债务的能力	流动比率在200%以上为宜
速动比率	速动比率=（速动资产 / 流动负债）× 100%	评价企业短期偿还能力	速动比率保持在100%以上合适
利息保障倍数	（利润总额+利息费用）/ 利息费用	评价企业的长期偿还能力	利息保障倍数至少应大于1倍

企业偿还能力指标

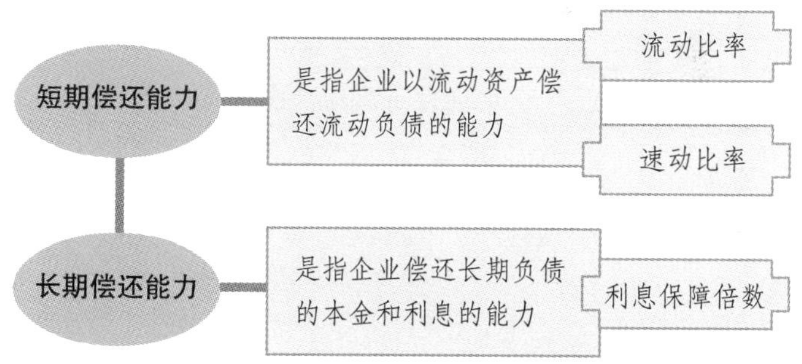

专家点评

金融行业要求的偿债能力要求最高，特别是市场大环境不景气时，其要求至少300%的偿债能力。

如何分析长期偿债能力

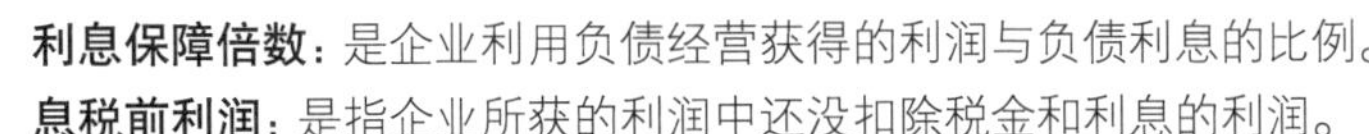

关键词：利息保障倍数　利息税前利润

利息保障倍数：是企业利用负债经营获得的利润与负债利息的比例。
息税前利润：是指企业所获的利润中还没扣除税金和利息的利润。

长期偿债能力是指企业对债务的承担能力和对偿还债务的保障能力。长期偿债能力分析是企业债权人、投资者、经营者和与企业有关联的各方面都十分关注的重要问题。

分析企业长期偿还能力的财务指标，可以通过利息保障倍数的计算，评价企业偿还长期债务的能力。

利息保障倍数，是指企业经营中所获的息税前利润与利息费用之间的比率。该比率用于衡量企业支付利息的能力，是企业长期偿债能力的重要标志。

一般情况下，企业负债经营所获得的息税前利润与负债利息费用的比例，至少要大于1，那样企业才能从负债经营中获得利润。利息保障倍数越大，说明企业经

经典示例

利息保障倍数的计算

2019年，甲企业利润总额为90万元，利息费用为45万元，计算该企业利息保障倍数如下：

利息保障倍数计算公式：利息保障倍数=（利润总额+利息费用）/利息费用

$$\frac{\text{利润总额 90 万元} + \text{利息费用 45 万元}}{\text{利息费用 45 万元}} = 3$$

说明企业负债经营的成效不大

营成果较好，企业偿付债务利息的能力越强，负债经营的财务风险就小。相反，倍数越小，说明企业的经营状况不佳，从主营业务获得的利润较小，企业偿还债务利息的保障度越低，负债经营的财务风险越大。利息保障倍数是企业负债经营的前提条件。分析该指标时，最好与企业历年的利息支付水平进行比较，与同类型行业的平均水平进行比较，从而更准确地评价企业的利息支付水平。

利息保障倍数的计算

资产负债表

编制单位：北京××有限公司　2019年12月31日　单位：元

资产	2017年末	2018年末
流动资产：		
货币资金	80 010.84	58 541.68
流动负债：		
应付账款	11 064.40	10 134.12
预收款项	6 218.15	5 748.26
应付利息	1 935.00	1 419.78
其他应付款	4 742.27	4 760.73
一年内到期的非流动负债	2 662.27	2 096.75
其他流动负债	3 539.06	2 887.18
流动负债合计	370 062.81	318 632.97

利　润　表

北京××有限公司　2019年11月　单位：元

项　目	行次	本月发生额	本年累计数
一、主营业务收入	1	6 717 192.00	50 062 505.98
减：主营业务成本	2	3 358 596.00	27 294 646.24
主营业务税金及附加	3	486 996.42	3 538 828.56
二、主营业务利润（亏损以“-”填列）	4	2 871 599.58	19 229 031.18
三、营业利润（亏损以“-”填列）	8	2 343 427.45	14 673 612.10
减：营业外支出	11	-	44 266.11
四、利润总额（亏损以“-”填列）	12	2 343 427.45	14 632 845.99
减：所得税	13	201 515.76	1 126 565.53
五、净利润（净亏损以“-”填列）	14	2 141 911.69	13 506 280.47

专家点评

息税前利润的大小是利息保障倍数的前提，息税前利润越大，利息保障倍数就越大。因此，息税前利润是企业能否支付利息的关键。

什么是流动比率

****

关键词：流动比率　偿还

流动比率：是指企业一定时期内流动资产与流动负债之间的比率。

偿还：债务人在债务合约到期后，依照合约承担义务解除债务合约的行为。

通过流动比率的分析，偿还短期债务能力可以透视企业的运转是否正常，以及企业未来的发展能力和赚钱能力，是吸引投资者的重要依据。一般情况下，企业的流动比率应维持在200%左右，该比率高于200%，说明企业短期偿还能力较好；如果低于200%，则说明企业的财务状况不佳，偿还债务有风险。

流动比率的计算

假设某公司2019年末，资产负债表上显示流动资产为250万元，流动负债是650万元，计算该公司的流动比率如下：

$$\frac{\text{流动资产 650 万元}}{\text{流动负债 250 万元}} \times 100\% = 260\%$$

说明该公司的偿还能力较好

流动比率的标准具体应参照本行业的平均值，因为不同的行业

流动比率的计算公式为：

流动资产率= 流动资产／ 流动负债×100%

对财务的要求、风险大小不同。分析时还应与企业往期的数据进行比较，这样更能整体分析企业的财务状况和偿还债务能力。

资产负债表

编制单位：北京××制造厂　　2019年12月31日　　单位：元

资产	2019年末	2019年初	增减金额	增减幅度
流动资产：				
货币资金	80 010.84	58 541.68	21 469.16	36.67%
应收票据	2 035.35	2 248.51	–213.16	–9.48%
应收账款	29 200.98	29 648.39	–447.41	–1.51%
预付款项	3 824.67	3 586.41	238.26	6.64%
应收利息	1 418.17	1 164.45	253.72	21.79%
其他应收款	2 105.18	2 089.24	15.94	0.76%
买入返售金融资产	14 485.48	13 262.57	1 222.91	9.22%
存货	17 464.04	15 191.70	2 272.34	14.96%
1年内到期的非流动资产	41.66	44.99	–3.33	–7.39%
其他流动资产	1 727.72	1 387.14	340.58	24.55%
流动资产合计	166 119.42	140 388.14	25 731.28	18.33%
流动负债：				
短期借款	13 574.00	11 091.21	2 482.79	22.39%
应付账款	11 064.40	10 134.12	930.28	9.18%
预收款项	6 218.15	5 748.26	469.89	8.17%
应付职工薪酬	1 933.66	1 977.77	–44.11	–2.23%
应交税费	2 319.22	2 771.01	–451.79	–16.30%
应付利息	1 935.00	1 419.78	515.22	36.29%
其他流动负债	3 539.06	2 887.18	651.88	22.58%
流动负债合计	370 062.81	318 632.97	51 429.84	16.14%

专家点评

需要注意的是，一个企业的流动比率并非越高越好，如果流动比率过高，则可能是企业的短期资金利用率不高。

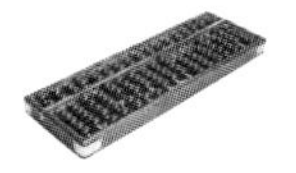

什么是速动比率

关键词：速动比率

速动比率：是指企业的速动资产与流动负债之间的比率。速动比率和流动比率一样，是评价企业偿还短期债务的指标。

经典示例

速动比率的计算

假设甲企业2019年10月，流动资产为150元，其中1年内到期的非流动资产为15万元，存货为30万元，结算备付金为20万元；流动负债为65万元，计算该公司的速动比率如下：

速动资产：150万元－15万元－30万元－20万元=85万元

$$\frac{\text{速动资产 85 万元}}{\text{流动负债 65 万元}} \times 100\% = 130\%$$

表示该企业的短期偿还能力较强

速动比率是反映企业某一时期，速动资产与流动负债之间的比率。速动资产是指可以迅速转换成为现金或现金形式的资产，它是流动资产扣除存货、预付账款、1年内到期的非流动资产和其他流动资产等变现能力慢的资产后的余额，包括银行存款、应收账款、短期投资、应收票据和其他应收款项等。速动比率可以说是在流动比率基础上完善的一种方法，它弥补了流动比率中流动资

速动比率的计算公式：

速动比率=（速动资产÷流动负债）×100%

产不计为偿还支付的不足之处。

一般来说，企业的速动比率一般不应低于100%，高于这个值，表示企业偿还短期债务的能力较好，企业最快可变为现金的资产充足；低于这个值，说明企业短期偿还能力不理想。提醒企业老板应注意保证日常经营的现金周转量。

资产负债表

编制单位：北京××制造厂　　2019年12月31日　　单位：元

资产	2019年末	2019年初
流动资产：		
货币资金	80 010.84	58 541.68
结算备付金	157.38	322.87
拆出资金	8 159.99	7 673.38
交易性金融资产	5 080.27	4 902.99
应收票据	2 035.35	2 248.51
应收账款	29 200.98	29 648.39
预付款项	3 824.67	3 586.41
应收利息	1 418.17	1 164.45
其他应收款	2 105.18	2 089.24
买入返售金融资产	14 485.48	13 262.57
存货	17 464.04	15 191.70
1年内到期的非流动资产	41.66	44.99
其他流动资产	1 727.72	1 387.14
流动资产合计	166 119.42	140 388.14
流动负债：		
短期借款	13 574.00	11 091.21
应付职工薪酬	1 933.66	1 977.77
其他应付款	4 742.27	4 760.73
1年内到期的非流动负债	2 662.27	2 096.75
其他流动负债	3 539.06	2 887.18
流动负债合计	370 062.81	318 632.97

速动比率的计算方法与步骤

第一步，从资产负债表中找出流动资产、存货以及预付费用、1年内到期的非流动资产、其他流动资产，计算出速动资产

第二步，在资产负债表中找出流动负债

第三步，用公式计算出速动比率

第四步，得出结果，进行分析

专家点评

流动资产中，存货、预付账款、一年内到期的非流动资产和其他流动资产变现能力慢且不稳定，所以不算作速动资产。因此，计算企业速动资产时需把这些变现能力较慢的资产减出，最后得出速动资产。

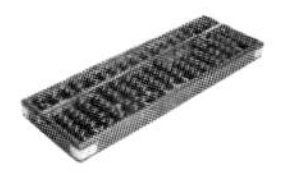

如何分析短期偿债能力

****

关键词：流动比率平均值　速动比率平均值

流动比率平均值：是指根据企业行业的特点，参照同类型企业流动比率的平均数值。

速动比率平均值：是指同类型企业速动比率的平均数值。

现代经济学中，流动比率的一般值为200%。流动比率高于200%，表示企业的财务状况良好，偿还短期债务能力较有保障。流动比率低于200%，表示该企业的财务状况不佳、会影响到期债务的偿还。

经典示例

传统行业对负债极为敏感，而一些新兴产业对负债“不在意”。如果价值千万的钢铁厂负债百万，则意味着经营不善，而价值百万的金融投资公司负债百万，根本不影响经营。

分析企业一段时间的偿还能力，可以将企业历年的财务数据进行对比，然后将数据与同类型行业的平均水平进行对比，这样就可以看出企业在同行企业内的偿还债务能力水平。通过流动比率分析企业偿债能力的步骤如下：收集企业近几年的流动比率的数据，算出平均值，并与同类型公司的数值进行比较。

速动比率的标准值为100%。速动比率高于100%，则表示企业偿还能力较强，企业最快可变现资金较为充足，能够保证债务的偿还。速动比率低于100%，则表示企业短期偿还能力较弱，企业资金周转不灵。

通过速动比率分析企业偿债能力步骤如下：收集企业近几年的速动比率数据，算出平均值，与同类型公司的数值进行比较。

短期偿债能力分析

流动比率	2016年	2017年	2018年	2019年	平均值
光明流动比率（%）	150%	175%	165%	200%	173%
晶晶流动比率（%）	210%	258%	242%	230%	235%

光明公司的平均流动比率为173%，低于标准值200%，但是有一年达标，说明并未陷入困境。

晶晶公司流动比率远远超过200%，而且有1年高达258%，说明产能挖掘不充分。

速动比率	2016年	2017年	2018年	2019年	平均值
光明速动比率（%）	100%	88%	90%	80%	90%
晶晶速动比率（%）	120%	150%	200%	180%	163%

光明公司速动比率的平均值为90%，说明光明公司肯定会发生拆东墙补西墙事件。

晶晶公司资金充足，并且一直有部分资金闲置。

专家点评

流动比率和速动比率必须同时查看，才可以看出公司的经营状况。如果流动比率正常，速动比率不达标，则说明企业的管理出现问题；反之，则是企业在“饮鸩止渴”，制造财务假象。

什么是现金比率

关键词：现金比率　变现能力

现金比率：是指企业的现金类资产与流动负债之间的比率，用于反映企业即刻变现能力。

变现能力：企业在不大幅度将资产打折出售情况下能够获得现金多少的能力。

现金比率也称流动资产比率或现金资产比率，是反映企业直接偿还流动负债的能力。现金资产是速动资产减去应收账款后与流动负债的比率。包括企业持有的货币资金和企业持有的有价证券。

一般认为，现金比率在20%以上为宜。现金比率越低，表示企业即时付现的能力越低；现金比率越高，说明企业利用现有资金偿还债务的能力较强。但值得注意的是，现金比率也不宜过高，过高则意味着企

现金比率的计算

某公司2019年末，企业现金资产为300万，有价证券（短期投资）为50万元。流动负债是1 800万元，计算该公司的现金比率如下：

$$\frac{\text{现金 300 万元}+\text{有价证券 50 万元}}{\text{流动负债 1 500 万元}}\times 100\% \approx 23\%$$

说明该公司即时付现能力较好

现金比率计算公式为：

现金比率=（现金+有价证券）/流动负债×100%

业利用现金资产获利能力较低，现金资产没有得到合理运用，从而导致企业机会成本增加。

现金比率，一般只有在企业存货和应收账款期限长，经营活动又具有高度的投资性时才能真正体现出重要性来。

在评价企业变现能力中，现金比率在一般情况下不用作重要指标来分析，只有在企业状况比较恶劣的情况下作为分析短期偿债能力的依据。例如，企业的应收账款收回的可能性很小，存货已抵押或不能变卖时，才采取极端保守的办法，计算现金比率。

现金比率的计算方法：

第一步：从资产负债表中找出现金和有价证券，以及流动负债的数字。

第二步：套入公式计算现金比率。

$$\frac{\text{现金}+\text{有价证券}}{\text{流动负债}}\times 100\%=\text{现金比率}$$

第三步：得出结果，然后进行分析。

第四步：复核。将计算出来的现金比率数量和实际拥有的数量和需求进行对比。

专家点评

一般来说，资金周转速度越快的企业对现金数量的要求越少，不过一些金融公司的资金周转速度非常快，所要求的现金数量也是非常大的。

第4章 从现金流量表看企业的近期经营

现金流量表是反映一段时间现金流入和流出状况的报表。从这张表格中可以看出在上阶段企业获得了多少现金，支出了多少现金，账面上还留下了多少现金；主要支出有没有大变化，主要收入是否有提高，账面上的现金是否够公司使用；有哪些是异常的现金支出，哪一块现金收入消失了；速动比率和现金流动状况结合分析，会不会出现资金周转困难……

现金流量表是和企业业务情况紧密联系的财务报表，只有熟悉这张表格，公司管理者才知道每一分钱用到了什么地方。

什么是现金流量表

****

关键词：现金　现金流量表

现金：现金流量表中的现金除了货币资金、银行存款，还包括约当现金，即企业持有的易于转变成现金的有价证券。

现金流量表：是指反映企业某一时期的现金流入与流出情况的报表。

现金流量表也叫财务状况变动表，主要用于记录和反映企业某一会计期间的现金总流入和流出的财务报表。通过现金流量表，可以观察企业现金的来源和去向。

现金流量表的补充资料

现金流量表中还应有补充资料，用以记录不涉及现金收支的投资和集资活动、将利润调整为经营活动的现金流量、现金及现金等价物增减等情况。

现金之于企业来说，就如同血液之于人。企业在亏损的情况下，只要有能维持日常经营所需的周转资金，还可使企业正常运转。如果现金周转不过来，企业的经营很可能陷入停滞状态。企业因为现金流断裂而导致破产或倒闭的例子不计其数。因此，作为企业的老板，一定要避免现金流断裂。现金流量很大程度上决定着企业的存亡和发展。从现金流量表可以看出企业的盈利情况并分析其偿还债务的能力。现金的周转顺畅，说明企业的经营情况较好；如果现金周转困难，会影响企业生产经营的正常运转，最终会直接影响企业的生存。由此可以看出，现金流量的管理在企业管理中的重要性。

现金流量表的组成：

现金流量表由表头、正表、表尾三个部分组成。

表头：由报表名称、公司名称、报表所属日期以及计量单位组成。

正表：现金流量表的正表包括经营活动产生的现金流量、投资活动产生的现金流量、筹资活动产生的现金流量项目。

表尾：现金流量表的表尾需要有会计人员、单位负责人以及主管会计的签名章盖。这样报表才算正式生效。

现金流量表

编制单位：北京××有限公司　　2019年10月　　单位：元

项　　目	行次	金额
一、经营活动产生的现金流量：		
销售商品、提供劳务收到的现金	1	65 523 158.10
收到的税费返还：	3	
收到的其他与经营活动有关的现金	8	–
现金流入小计	9	65 523 158.10
购买商品接受劳务支付的现金	10	40 624 358.02
支付给职工以及为职工支付的现金	12	32 980.00
支付的各项税费	13	–15 185.61
支付的其他与经营活动有关的现金	18	4 525 632.50
现金流出小计	20	45 167 784.92
经营活动产生的现金流量净额	21	20 355 373.18
二、投资活动产生的现金流量：		
收回投资所收到的现金	22	–
取得投资收益所收到的现金	23	–
处置固定资产、无形资产和其他长期资产所收回的现金净额	25	–
收到的其他与投资活动有关的现金	28	–
现金流入小计	29	–
购建固定资产、无形资产和其他长期资产所支付的现金	30	–
投资所支付的现金	31	–
支付的其他与投资活动有关的现金	35	–
现金流出小计	36	–
投资活动产生的现金流量净额	37	–
三、筹资活动产生的现金流量：		
吸收投资所收到的现金	38	–
取得借款所收到的现金	40	–
收到的其他与筹资活动有关的现金	43	–
现金流入小计	44	–
偿还债务所支付的现金	45	–
分配股利、利润和偿付利息所支付的现金	46	302 530.00
支付的其他与筹资活动有关的现金	52	
现金流出小计	53	302 530.00
筹资活动产生的现金流量净额	54	–302 530.00
四、汇率变动对现金的影响	55	–
五、现金及现金等价物净增加额	56	20 052 843.18

会计人员：张×　　单位负责人：王×　　主管会计：李×

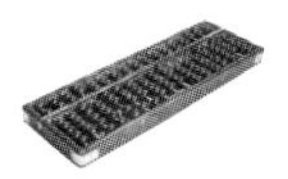

现金流量的构成

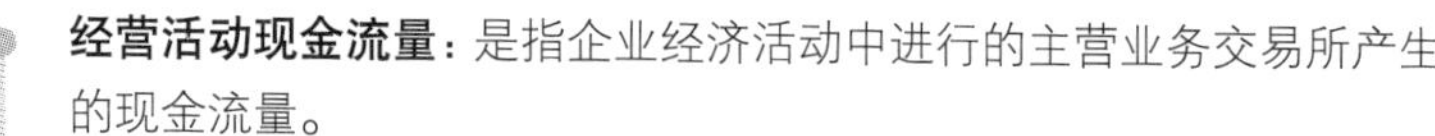

关键词：经营活动现金流量　投资活动现金流量　筹资活动现金流量

经营活动现金流量： 是指企业经济活动中进行的主营业务交易所产生的现金流量。

投资活动现金流量： 是指企业进行各种长期投资、短期投资活动等产生的现金流量。

筹资活动现金流量： 是指企业在各种筹集资金活动中产生的现金流量。

现金流量表的主要内容包括经营活动的现金流量、投资活动中的现金流量以及筹资活动产生的现金流量。

经营活动现金流量是企业除了投资活动和筹资活动以外，所有的交易产生的现金流量，包括销售商品或提供劳务、购买材料、生产产品、推销产品、交纳税款等事项。它是企业现金的主要来源。在企业的经济活动中，经营活动是主业，筹资和投资等理财活动则属于副业。

经营活动的现金流量

项　目	本期金额	上期金额
经营活动产生的现金流量		
销售商品、提供劳务收到的现金	120 000	115 000
收到的税费返还	5 000	4 600
收到其他与经营活动有关的现金	200	370
经营活动现金流入小计	125 200	120 900
购买商品、接受劳务支付的现金	60 200	60 100
支付给职工以及为职工支付的现金	11 000	10 000
支付的各项税费	20 200	20 000
支付其他与经营活动有关的现金	2 000	600
经营活动现金流出小计	95 200	90 700
经营活动产生的现金流量净额	30 000	30 200

企业的投资活动和营业活动一样，都会影响公司的现金流量的变化。企业的投资活动包括购建固定资产、长期投资现金流量和处置长期资产现金流量等。在购建和处理这些长期资产时所发生的现金流量就是投资活动的现金流量。

筹资活动包括吸收投资、发行股票、借入和偿还资金、分配利润等活动，它会使公司资本及债务规模和构成发生变化。另外，利润的分配也属于公司的筹资活动，因为当一个公司对投资者减少或不分配本期利润，也就相当于向投资者筹集资金，所以应当计入筹资活动中。

投资活动产生的现金流量

项目	本期金额	上期金额
投资活动产生的现金流量		
收回投资收到的现金	10 000	10 000
取得投资收益收到的现金	2 000	2 000
处置固定资产、无形资产和其他长期资产收回的现金净额	0	0
处置子公司及其他营业单位收到的现金净额	0	0
收到其他与投资活动有关的现金	0	0
投资活动现金流入小计	12 000	12 000
购建固定资产、无形资产和其他长期资产支付的现金	20 000	0
投资支付的现金	10 000	10 000
取得子公司及其他营业单位支付的现金净额	0	0
支付其他与投资活动有关的现金	0	0
投资活动现金流出小计	30 000	10 000
投资活动产生的现金流量净额	−18 000	2 000

筹资活动产生的现金流量

项目	本期金额	上期金额
筹资活动产生的现金流量		
吸收投资收到的现金	10 000	20 000
取得借款收到的现金	0	20 000
收到其他与筹资活动有关的现金	0	0
筹资活动现金流入小计	10 000	40 000
偿还债务支付的现金	20 000	0
分配股利、利润或偿付利息支付的现金	3 200	3 000
支付其他与筹资活动有关的现金	0	1 000
筹资活动现金流出小计	23 200	4 000
筹资活动产生的现金流量净额	−13 200	36 000

如何分析经营活动产生的现金流量

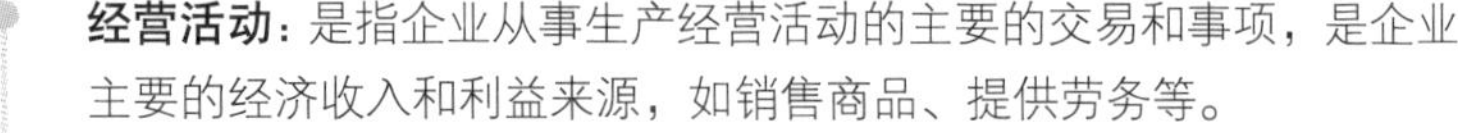

关键词：经营活动　现金流量

经营活动：是指企业从事生产经营活动的主要的交易和事项，是企业主要的经济收入和利益来源，如销售商品、提供劳务等。

现金流量：是指企业进行主要交易和事项的经济业务产生的现金流入、流出量。

现金流量表反映的是公司的现金流入量、现金流出量和现金净流量的情况。其中，经营活动是企业主要的经济活动，包括销售商品、提供劳务、制造产品、广告宣传、经营性租赁、交纳税款等。经营活动是公司经济活动的主体，是企业持续经营的前提。

经典示例

北京××有限公司2019年10月，现金总流量为300 000万元，其中经营活动产生的现金流量为200 000万元，计算经营活动产生的现金流量占总现金流量的比例如下：

200 000万元/300 000万元×100%≈67%

分析：经营活动的现金净流量占总流量的67%，说明企业大部分资金的来源和支出是产生于经营活动，表示企业主营业务经营较好，现金流量结构较为合理。

经营活动现金流量是指企业主营业务的交易或事项所产生的现金流入、流出总量。企业的经营活动以主营业务为主，而经营活动的现金流量也应是企业现金流量的主要构成部分。因此，企业经营活动的现金流入和流出量往往占总现金流量的较大部分。一般来说，经营活动的现金净流量占现金总流量的比例不应低于60%。经营活动的现金流量越大，表示企业从主营业务活动中获得的现金收入越大，公司的财务状况越稳定，企业支付能力、偿还债务能力越强。反之，如果企业经营活动占总现金流量的比例越小，则说明企业从主营业务经营中获得的现金和利益收入越少——主要业务竞争力不足，企业风险提高。

企业经营活动的现金流量

项 目	本期金额	上期金额
经营活动产生的现金流量		
销售商品、提供劳务收到的现金	120 000	115 000
收到的税费返还	5 000	4 600
收到其他与经营活动有关的现金	200	370
经营活动现金流入小计	125 200	120 900
购买商品、接受劳务支付的现金	60 200	60 100
支付给职工以及为职工支付的现金	11 000	10 000
支付的各项税费	20 200	20 000
支付其他与经营活动有关的现金	2 000	600
经营活动现金流出小计	95 200	90 700
经营活动产生的现金流量净额	30 000	30 200

经营活动的现金流量

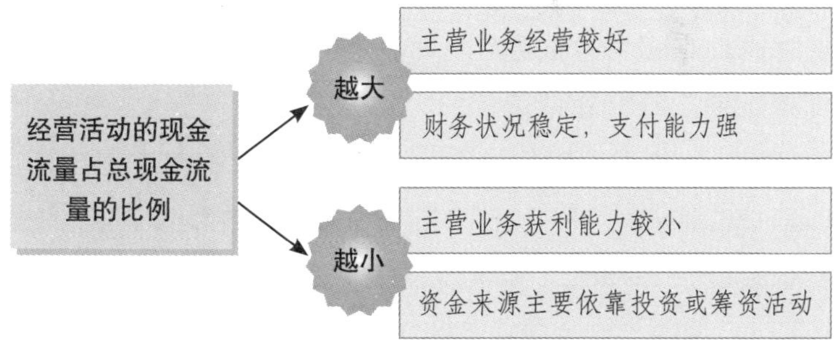

专家点评

在如今激烈的市场竞争中，企业面临的生存环境复杂多变，只有通过提升企业现金流的管理水平，才能够合理控制营运风险，提升企业整体资金的利用效率，从而加快企业的发展。

如何分析投资活动产生的现金流量

****

关键词：投资活动　现金流量

投资活动：是指企业进行的各种长短期投资活动，包括实物资产投资和金融资产投资。

现金流量：是指企业进行主要交易和事项的经济业务产生的现金流入、流出量。

投资活动，是指企业在经营过程中，进行的各种对外投资。投资活动按照投资媒介分为实物资产投资和金融资产投资，按投资时间的长短又分长期投资和短期投资。投资活动产生的现金流量是指企业在进行长短期投资的过程中产生的现金流出与流入总量。其中，长期投资是指企业持有的期限在1年或1个营业周期以上的资产，包括固定资产、无形资产、在建工程、其他资产等。短期投资是指企业持有的1年以内期限的资产，包括股票、基金、债券等。

企业投资活动产生的现金流入项目主要有：收回投资所收到的现金，取得投资收益所收到的现金，处置固定资产、无形资产获得的现金或收到其他与投资活动相关的现金等。

在分析投资活动产生的现金流量时，主要看企业对内投资和对外投资的现金流量关系。

如企业对内投资的现金流出量增长较大时，可能是公司正在做一个新的项目，需要大量投资现金，因此只有通过收回对外投资筹

集所需资金。

企业在投资时，不仅会引起现金流量变化，也会引起企业资本和负债结构变化，所以其分析更加重要。如果企业对内投资的现金流入量出现较大增长，说明企业没有充分利用企业的资金获取更大利益。

如果企业对外投资产生的现金流入量增加，说明该公司正大量地收回对外投资额，可能出于企业内部的经营需要而收回对外投资。

如企业对外投资现金净流出量大幅度增加，说明公司正在缩小内部经营规模，将游离出来的资金对外投资，寻求适当的获利机会。

企业投资活动的现金流量

项 目	本期金额	上期金额
投资活动产生的现金流量		
收回投资收到的现金	10 000	10 000
取得投资收益收到的现金	2 000	2 000
处置固定资产、无形资产和其他长期资产收回的现金净额	0	0
处置子公司及其他营业单位收到的现金净额	0	0
收到其他与投资活动有关的现金	0	0
投资活动现金流入小计	12 000	12 000
购建固定资产、无形资产和其他长期资产支付的现金	20 000	0
投资支付的现金	10 000	10 000
取得子公司及其他营业单位支付的现金净额	0	0
支付其他与投资活动有关的现金	0	0
投资活动现金流出小计	30 000	10 000
投资活动产生的现金流量净额	–18 000	2 000

专家点评

企业进行新项目投资时，需要大量的资金投入，此时现金流出量会大于流入量。不过成功的投资，必定会带来更多的现金流入，所以不会影响企业现金流量表的总量平衡。

如何分析筹资活动产生的现金流量

****

关键词：筹资活动　经营规模

筹资活动：是指企业为了满足生产经营的需要，而筹集所需资金的行为。

经营规模：根据企业职工人数、销售额、资产总额等指标，结合行业特点等确定的企业规模大小。

经典示例

当企业减少对投资者分配或不分配利润，实际上是等于向投资者筹集资金，因此，利润分配也属于企业筹资活动。

筹资活动主要是指发行股票、购买债券、借入和偿还资金、分配利润等。其产生的现金流量是企业在进行各种资金筹集活动中产生的现金流量。可以通过现金流量表中筹资活动产生的现金流量的项目，分析

筹资活动的现金流入与流出

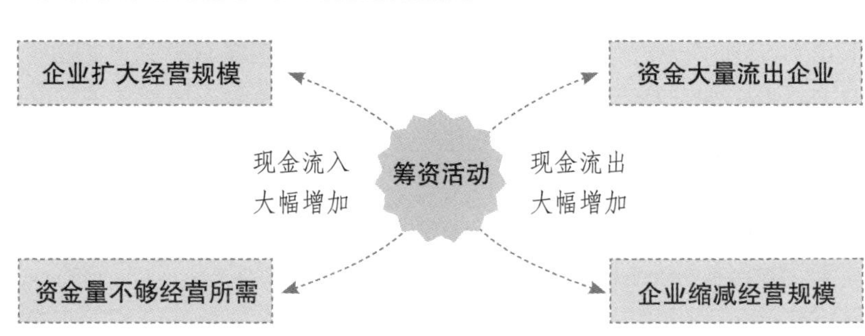

企业筹资活动的现金流量情况。

如果企业某一时期筹资活动的现金流入量增长较大，说明公司可能在扩大经营或生产规模，企业现有资金不足以维持企业扩大经营所需要的资金量，则需要通过企业外部筹集资金。

如企业筹资活动的现金流出量增长较大，说明企业当期有大量的资金流出公司，一般是意味着企业在缩减经营规模。

筹资活动产生的现金流量

项　　目	本期金额	上期金额
筹资活动产生的现金流量		
吸收投资收到的现金	10 000	20 000
取得借款收到的现金	0	20 000
收到其他与筹资活动有关的现金	0	0
筹资活动现金流入小计	10 000	40 000
偿还债务支付的现金	20 000	0
分配股利、利润或偿付利息支付的现金	3 200	3 000
支付其他与筹资活动有关的现金	0	1 000
筹资活动现金流出小计	23 200	4 000
筹资活动产生的现金流量净额	−13 200	36 000

专家点评

相对于一般公司，上市公司除了可以从银行或其他金融机构贷款融资外，还可以通过股市发行股票进行融资。企业一旦从股市上融资成功，那么会使企业本期的筹资活动的现金流入量大幅增加。

如何分析现金流量结构是否合理

****

关键词：现金流量结构　现金净流量

现金流量结构：是指构成企业现金总流量的各个资金来源项目。

现金净流量：是指一定时期内企业现金及现金等价物的流入减去流出的余额，用于反映企业当期现金及现金等价物的净增加或净减少额。

正常情况下，企业经营活动的现金流量是企业现金的主要来源，占总现金流量的大部分，投资活动占用的现金比较少，而筹资活动则是阶段性的：这三类活动的现金比例就构成现金流量结构。

分析企业现金流量的结构主要是对经营活动、投资活动、筹资活动的现金流入、流出情况进行分析。一般情况下，经营活动的现金流量占企业总现金流量的比例越大，说明企业从日常经营活动中获

经典示例

1975 年 10 月，美国大型企业 W.T.Grant 公司宣告破产引起人们的广泛注意。令人不解的是，Grant 公司在破产的前一年，即 1974 年，其营业净利润近 1 000 万美元，经营活动提供的营运资金 2 000 多万美元；银行扩大贷款总额达 6 亿美元。而在 1973 年末，公司股票价格仍按其收益 20 倍的价格出售。为什么净利润和营运资金都为正数的公司会在一年后宣告破产？为什么投资者会购买一个濒临破产公司的股票而银行也乐于为其发放贷款，问题就出在投资者和债权人未对该公司的现金流动状况做深入的了解和分析。如果分析一下该公司的现金流量表，就会发现早在破产前 5 年，即 1970 年，该公司的现金净流量就已出现负数。

取现金的能力越强；而经营活动的现金流量小，则说明企业从日常经营活动中获取的现金较少，现金主要是通过对外投资和筹资而来。通过分析企业的现金流量，可以看出企业现金收支的构成。通过分析企业的现金流量结构是否合理，可以判断和评价一个企业的经营能力和获利能力。

无论现金流量结构如何，甚至是否符合同行的最优标准，真正确定现金流量结构的是现金净流量的数值。一家理想的企业是这样的：上期的净现金流入等于本期的现金流出减去上期现金流出的差额，也即现金每次经营都会流入，但是下次在生产环节中就会出现扩大生产的现金流出。

企业现金流量结构

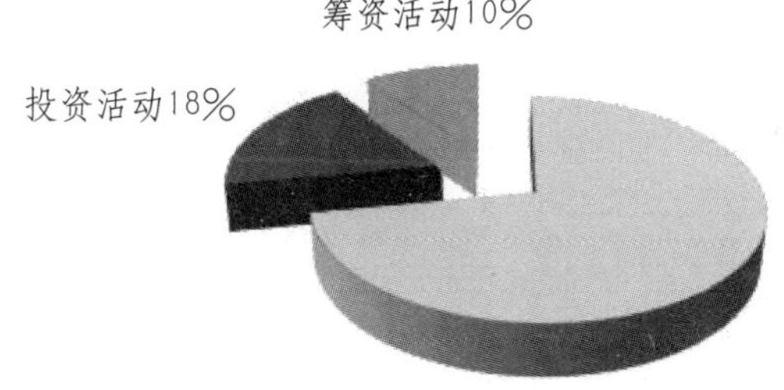

企业的现金流量大部分是由经营活动产生，投资活动和筹资活动所占的比例较小，否则意味着企业处于“亚健康”状态。

什么是现金净流量

****

关键词：现金净流量　现金净流入

现金净流量：（参见“如何分析现金流量结构是否合理”一节）

现金净流入：连续多个会计阶段，现金净流量都为正数。

经典示例

2019年上半年，某公司现金流入为134亿元，现金流出为202亿元，现金净流量为负68亿元。而这种现象并不是独一无二的，像一些电商网站，虽然名声响亮，但是现金净流量都是负数，都是烧钱的公司。

现金净流量是企业一定时期内的现金及现金等价物数额的净增加或净减少额。现金净流量按生产经营活动类型的不同，可分为经营活动现金净流量、投资活动现金净流量、筹资活动现金净流量。企业现金的流动好坏是企业生存发展的重要因素。现金流量是评价企业经营状况、赚钱能力、筹资能力和资金实力重要指标。老板可以通过现金流量表，分析企业现金收支构成并帮助老板规划和预测企业未来盈利能力。

一般情况下，企业现金净流量大，说明企业可利用的现金比较充足，可以利用这些资金进行再投资，为企业获取更多的利润，企业的偿债能力也较强。反之，如果企业的现金流量小，说明企业可利用的现金较少，容易出现现金周转困难的情

况，而企业的偿还能力也会削弱。分析企业的现金净流量时，可以将企业本期的现金净流量与历史同期进行对比分析，如本期的现金净流量比历史同期高，则说明企业现金净流量有增长，企业的经营能力有所提升；反之，则说明企业经营能力有所下降。

企业现金净流量大小的影响

越大	现金支付和偿还能力较强
	企业现金较为充足
越小	企业现金较为紧张
	现金偿还和支付能力较弱

在分析企业现金净流量时，应该注意以下两方面：第一，现金净流量应是同一时期的现金流入量与现金流出量之差；第二，现金净流量按投资项目的不同，又分为三类，即完整工业投资项目的现金净流量、新改造项目的现金净流量和单纯固定资产项目的现金净流量。

专家点评

现金净流量的计算公式：现金及现金等价物的流入（收入）－流出（支出）＝余额（净收入或净支出）

如何分析公司现金支付能力

****

关键词：现金支付能力　现金充足率　现金股利比率

现金支付能力：是指企业以现金的形式支付日常经营所需的支出和偿还债务的能力。

现金充足率：是指用于衡量的反映企业现金支付能力的财务指标，该指标越大，表示企业现金支付能力越强。

现金股利比率：是指用企业当期经营活动现金净流量支付现金股利的能力。

经典示例

现金股利比率的计算

例如某企业2019年现金流量表中，经营活动产生的现金净流量为300万元，本年度需分配现金股利总额为100万元，计算该企业的现金股利比率如下：

经营活动净现金流量300万元/现金股利100万元=300%

现金股利比率

现金支付能力是分析企业现金流量的重要指标，可以体现一个公司的现金创造能力，也是企业经营状况的一项重要指标。

现金支付能力是指企业经营活动产生的现金流入减去本期经营活动的支出外，用现金偿还负债、进行固定资产投资和支付股利的能力。企业现金支付能力主要是将企业当期取得的现金收入与各种现金开支（如投资经营支出或分配利润等）进行分析。企业当期的现金总收入减去现金总支出所剩的现金余额越多，企业现金越充足，说明企业的现金支付能力越强；反之，则说明企业的现金支付能力越差。

衡量企业的支付能力的指标主要有“现金股利比率”，是指企业当期经营活动现金净流量支付现金股利的能力。现金股利比率越大，意味着股票变现能力越强，也就意味着企业股票增量越大。

现金股利比率大小的影响

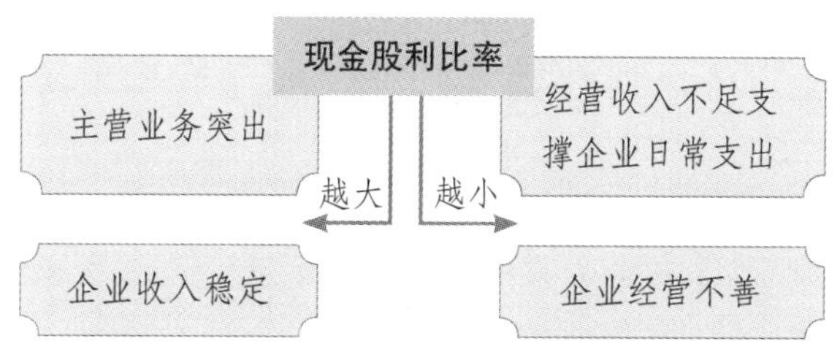

现金流量表

编制单位：北京××有限公司　　2019年10月　　单位：元

项　　目	行次	金额
一、经营活动产生的现金流量：		
销售商品、提供劳务收到的现金	1	65 523 158.10
收到的税费返还	3	
收到的其他与经营活动有关的现金	8	-
现金流入小计	9	65 523 158.10
购买商品接受劳务支付的现金	10	40 624 358.02
支付给职工以及为职工支付的现金	12	32 980.00
支付的各项税费	13	-15 185.61
支付的其他与经营活动有关的现金	18	4 525 632.50
现金流出小计	20	45 167 784.92
经营活动产生的现金流量净额	21	20 355 373.18
二、投资活动产生的现金流量：		
三、筹资活动产生的现金流量：		
分配股利、利润和偿付利息所支付的现金	46	302 530.00
支付的其他与筹资活动有关的现金	52	
现金流出小计	53	302 530.00
筹资活动产生的现金流量净额	54	-302 530.00
四、汇率变动对现金的影响	55	-
五、现金及现金等价物净增加额	56	20 052 843.18

专家点评

由于股东分配政策有很多种，如企业只分配很少一部分利润或基本不分配时，计算出来的比率的意义并不大，只有在企业确认将可供分配利润分配给股东，并且是以现金形式分配时，现金股利比率才越高越好。

如何分析盈利质量

****

关键词：盈利现金比率　盈利

盈利现金比率：是指企业某一时期经营活动产生的现金净流量与净利润之间的比率。

盈利：企业在经营过程中支付成本后获得利润。

盈利质量是企业真实的经营成果、经营能力和发展能力的重要体现，主要是对企业当期的总体经营情况的综合性评价。分析企业的盈利质量有助于老板或管理者更加全面地了解企业经营质量、盈利水平以及企业未来的发展潜力。

经典示例

2019年1月，北京××有限公司的现金净流入为15 000万元，净流出为8 000万元，净利润为5 000万元，计算该企业的盈利现金比率则为：

经营现金净流量：现金流入总量15 000万元－现金流出总量8 000万元=7 000万元

盈利现金比率：7 000万元/5 000万元×100%=140%

说明公司的盈利质量较高

分析企业的盈利质量可以通过现金流量表，计算企业的盈利现金比率指标。盈利现金比

盈利现金比率的计算公式为：

盈利现金比率=经营现金净流量/净利润×100%

其中：经营现金净流量=现金流入总量−现金流出总量

率是指企业经营活动产生的现金净流量与净利润的比例关系。一般情况下，企业盈利现金比率越高，企业的盈利质量就越好。反之，企业的盈利现金比率越小，那么企业的盈利质量就越差。在正常情况下，盈利现金比率应大于100%。

盈利质量的基础是盈利能力的高低，盈利能力是盈利质量的保障，只有具备良好的盈利能力，盈利质量才能提高。但只有数量而没有质量也是不稳固的，所以盈利能力和盈利质量是相互联系的。盈利能力是企业的外在体现，而盈利质量则是隐性的，它体现的是企业的内在实力。

盈利现金比率

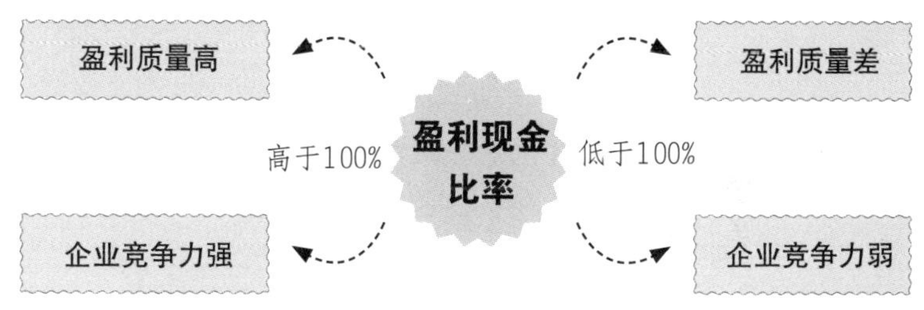

盈利质量比盈利数量更加重要，大型老企业的盈利绝对数值很大，但是盈利质量低；而一些小企业盈利质量高，必然会扩大规模，最终让盈利数量扩大。

现金流断裂的危机

关键词：现金流断裂

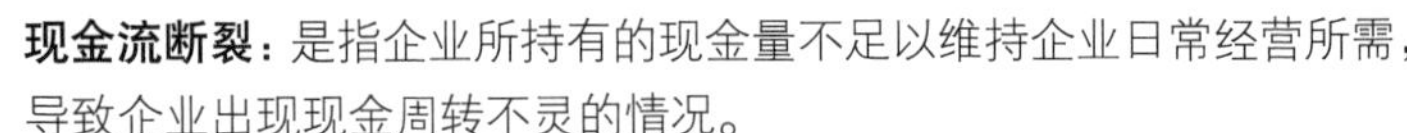

现金流断裂：是指企业所持有的现金量不足以维持企业日常经营所需，导致企业出现现金周转不灵的情况。

经典示例

在一定时期内，企业投入100元钱，资金周转一次能赚30元的利润。如果在同样条件下，同样的资金周转两次或三次，即能产生60元或90元的利润。由此可见，资金的周转速度直接影响企业的获利能力。

现金是企业经营发展的前提条件，是创造利润的必要支出，相当于企业的“血液”。企业必须拥有一定量的现金，才能进行生产经营，通过销售产品或提供劳务取得收益，而只有收回现金才是真正创造价值。判断企业的现金流量情况健康与否可以通过以下几个方面观察：看企业现金流量的安全性、流动性、循环速度以及现金在流动过程中有没有实现增值。

企业投入现金进行生产、销售，通过销售产品回笼现金，然后再进行生产是一个循环过程。如果销售了产品，而现金不能及时回收则会给企业接下来的经营带来一定风险，如现金流跟不上生产经营所需的资金量。

现金的流动性。保证现金的流动顺畅与企业产品的流动性非常关键。企业投入资金进行生产，如果产品销售不好，会导致企业

的产品过多存留企业内部，不能及时变现，占用企业的资源。

判断企业现金流量是否健康

现金的增值。企业进行生产经营的目的就是实现资本增值。现金在投入、生产、销售的循环的过程，回收的资金应大于投入的资金，只有收益额大于投资额，才能说明企业资本增值了；反之，如果收益小于投入，则说明企业资本的投入没有发生增值，这说明不仅没有从中获利甚至可能发生亏损。

现金的循环速度。现金的循环速度是指企业的生产周期长短、存货周转速度以及应收账款回收的速度。同样的资金投入企业，其在一段时期的循环次数，对企业的收益大小是有非常大的差别的，一般来说，资金循环的速度越快，企业赚钱的速度就越快。因此，只有企业的现金安全、顺畅、快速地流转，并在这个过程中实现增值，企业才能健康持久地发展。

专家点评

如果企业已将产品销售出去，但由于各种原因该款项不能及时收回，也会同样影响企业生产经营的循环进行，容易导致企业经营陷入恶性循环的过程中。

引起现金流断裂的因素

关键词：经营资金不足　信用风险

经营资金不足：是指用于维持企业日常经营需要的资金不充足，不能满足企业正常经营需要。

信用风险：是指企业为了筹集经营所需资金，向银行或其他金融机构贷款，而发生的偿还债务是否守信的情况。

晚清时期，胡雪岩是全国著名的红顶商人，商业帝国价值多达几亿两白银，可是胡雪岩死后，因为管理混乱，在支付山西商人的300万两账务上没有周转开——现金流发生断裂。最后的结果就是，胡雪岩商业帝国崩溃，并且最终因此赔上了5 000多万两身家。这种事情在历史上发生了很多次，世界著名的500强企业雷曼兄弟公司的倒闭也不过是一笔几亿元的债务没有到期偿还，因此失去银行的信任。

现金流是企业生产经营的命脉，一旦资金出现断裂，便可能使企业陷入瘫痪。因此，企业老板或者管理者，都应十分注重维持企业现金流的正常运转。一般来说，引起企业现金流断裂的因素主要有经营资金不足、投资决策失误、资金流动性不足和企业信用风险等。

经营资金不足。导致企业经营资金不足的原因主要有：企业扩张过快，现有的资金量不足以维持企业日常所需，或是产品滞销、收款延迟等原因造成现金周转减缓，从而形成营运

资金不足或资金长时间被占用，最终导致资金周转不过来。

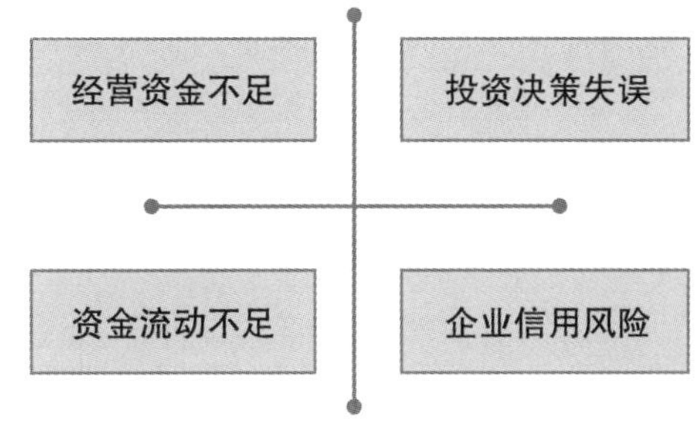

资金流动性不足。经营资金不足，企业被迫通过借款方式筹集生产经营所需的资金，以填补资金缺口，但过量的负债容易造成企业偿债能力下降、流动负债大等问题，还会使企业债务压力增大，陷入巨额债务的困境中。

投资决策失误。企业由于投资决策失误，导致企业投入的大量资金无法如期取得投资收益，从而造成企业亏损或资金风险。

企业信用风险。信用风险又分突发性坏账风险和大量赊销风险两种。突发性坏账风险是指由于发生非人为的、不可预见性的变化，造成企业应收账款无法回收，形成坏账损失。大量赊销风险是指企业为大量赊销产品，而采用宽松的信贷政策。虽然在一定程度上能增加企业销售量，但也潜藏了一定信用的风险，如形成坏账、呆账。

专家点评

在现实工作中，往往存在一些收益较高但现金流偏低的情况，这种情况有可能是企业通过调整利润会计科目实现的，企业并没有实际获得现金收入。在这种情况下，未来企业的经营业绩可能存在急剧下降的风险。

从所有者权益变动表看利润分配

所有者权益变动表可以反映一个企业在某一会计期间的所有者权益的增加变动情况。从所有者权益变动表中可以看出企业所有者权益的增加或减少，企业有多少股东，企业股票的价值、企业的股利分红情况，以及资本累计等情况。

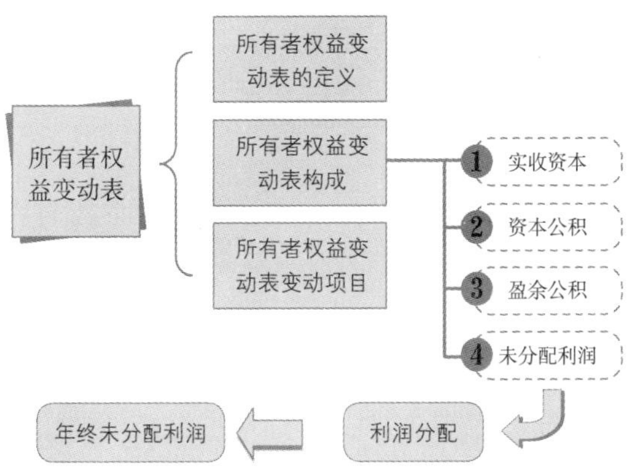

所有者权益变动表的结构和格式

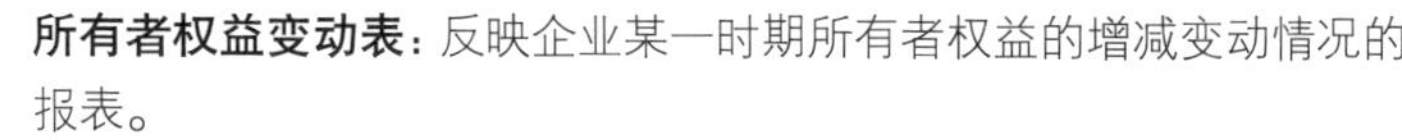

关键词：所有者权益变动表　所有者权益

所有者权益变动表：反映企业某一时期所有者权益的增减变动情况的报表。

所有者权益：是指企业资产扣除负债后，由所有者享有的剩余权益。公司的所有者权益又称为股东权益。

一张完整的所有者权益变动表由表头、正表、表尾三部分构成。

所有者权益变动表由统一的格式和结构组成。表的左边是各项所有者权益项目，右边是本期金额，用于反映各项目本期发生的增减变动额，最后是本年所有者权益的结余情况。

经典示例

所有者权益变动表的产生

所有者权益变动表，原是以资产负债表的附表形式体现，2007年，新的《企业会计准则》中，正式将所有者权益变动表独立分离出来，成为与资产负债表、利润表、现金流量表并列的四大报表。

下面详细介绍所有者权益变动表的表头、正表和表尾。

表头包括：公司名称、报表名称、日期、计量单位等组成。

正表是所有者权益变动的各项变动项目，包括股本、资本公积、法定和任意盈余公积、法定公益金、未分配利润等。

表尾是会计人员、单位负责人、主管会计的签名和盖章。

所有者权益（股东权益）变动表

编制单位:北京××有限公司　　2018年度　　单位：元

项目	本期金额										
	实收资本(或股本)	其他权益工具			资本公积	减：库存股	其他综合收益	专项储备	盈余公积	未分配利润	所有者权益合计
		优先股	永续资	其他							
一、上年年末余额											
加：会计政策变更											
前期差错更正											
其他											
二、本年年初余额											
三、本年增减变动金额（减少以“–”号填列）											
（一）综合收益总额											
（二）所有者投入和减少资本											
1.所有者投入的普通股											
2.其他权益工具持有者投入资本											
3.股份支付计入所有者权益的金额											
4.其他											
（三）利润分配											
1. 提取盈余公积											
2.对所有者（或股东）的分配											
3. 其他											
（四）所有者权益内部结转											
1.资本公积转增资本（或股本）											
2.盈余公积转增资本（或股本）											
3.盈余公积弥补亏损											
4. 设定受益计划变动额结转留存收益											
5. 其他综合收益结余留存收益											
6. 其他											
四、本年年末余额											

制表人：　　单位负责人：　　会计主管：

专家点评

所有的正式报表都需要加盖公章，所以编制年度财务报表时，那些财务报表草稿不能加盖公章。

所有者权益主要项目

关键词：股东权益　所有者权益

股东权益：是指企业总资产减去负债后所剩余的部分，即企业的净资产。

所有者权益：（参见“所有者权益变动表的结构和格式”一节）

所有者权益（或股东权益）变动表，是反映企业某一时期所有者权益的增减变动情况。企业资金的来源通常有两种，一种是通过外借，也就是企业负债；另一种是所有者投入的资本，即为企业的所有者权益。企业所有者权益内部结构的变动对企业的财务状况以及企业的发展会产生一定影响。当企业盈利或增加新股会使所有者权益增加，而当企业发生亏损或给股东分配利润时，所有者权益则会相应减少。

经典示例

所有者权益变动表中，资产和负债的总和，等于可以分配的所有者权益。

资产＋负债＝所有者权益

上年年末余额：是指所有者权益变动表中实收资本（或股本）、资本公积、盈余公积、未分配利润上一年末的结余。

会计政策变更、前期差错更正：是指利用追溯调整法处理的会计政策变更的累积影响金额、采用追溯重述法处理的会计差错更正的累积影响金额。

直接计入所有者权益的利得和损失：是指与所有者投入资本或者向所有者分配利润无关、不计入当期损益也不会导致所有者权益发生增减变动的利得或损失。

所有者权益（股东权益）变动表

编制单位:北京××有限公司　　2018年度　　单位：元

项目	本期金额										
	实收资本(或股本)	其他权益工具			资本公积	减：库存股	其他综合收益	专项储备	盈余公积	未分配利润	所有者权益合计
		优先股	永续资	其他							
一、上年年末余额											
加：会计政策变更											
前期差错更正											
其他											
二、本年年初余额											
三、本年增减变动金额（减少以"–"号填列）											
（一）综合收益总额											
（二）所有者投入和减少资本											
1.所有者投入的普通股											
2.其他权益工具持有者投入资本											
3.股份支付计入所有者权益的金额											
4.其他											
（三）利润分配											
1. 提取盈余公积											
2.对所有者（或股东）的分配											
3. 其他											
（四）所有者权益内部结转											
1.资本公积转增资本（或股本）											
2.盈余公积转增资本（或股本）											
3.盈余公积弥补亏损											
4. 设定受益计划变动额结转留存收益											
5. 其他综合收益结余留存收益											
6. 其他											
四、本年年末余额											

净利润：反映本年度实现的净利润或净亏损。

所有者投入和减少资本：企业所有者投入的资本和减少的资本。

利润分配：反映本年度实现的利润金额。

所有者权益内部结转：所有者权益各组成部分之间当年的增减变动。

资本公积转增资本（或股本）：企业以资本公积转增资本或股本。

盈余公积弥补亏损：企业按规定提取的盈余公积累积，用于弥补企业的亏损。

盈余公积转增资本（或股本）：以盈余公积转增资本的金额。

专家点评

利得是指非企业日常经营活动形成的会导致所有者权益增加，但与所有者投入资本无关的经济利益的流入。损失是指非企业日常经营活动产生的会导致所有者权益减少，与所有者分配利润无关的经济利益的流出。

所有者权益的构成

关键词：实收资本　资本公积　留存收益

实收资本：企业投资者投入的资本，即企业设立时在工商部门登记的注册资本。

资本公积：是指企业资本本身升值或其他原因导致企业投资者的权益增加，如资本溢价。

留存收益：是指由企业收益留存或转化形成的所有者权益，属所有者拥有，包括盈余公积、未分配利润等。

实收资本是指所有者在企业设立登记时实际投入的资本，即企业的注册资本。投入资本应等于注册资本。对于股份有限公司而言，投入资本表现在实际发行股票的面值，也就是股本；对于其他企业，投入资本是指所有者在注册资本时的实际出资额，即实收资本。

所有者的类别

所有者按主体不同，可以分为国家投资、法人投资、个人投资以及外方投资。国家投资是指政府部门、机构以及国有资产投入企业的资本；法人投资是指在我国具有法人资格的单位投入企业的资本；个人投资是指以个人的名义将其合法财产投入企业的资本；外方投资是指外国投资者以及港、澳、台地区的投资者投资企业的资本。

企业的所有者权益是由实收资本、资本公积和留存收益三个部分构成。留存收益又包括法定盈余公积、任意盈余公积和未分配利润。

资本公积是指企业资本自身升值或由于其他原因导致企业投资者的权益增加，如资本溢价（股本溢价）和其他资本公积等。

留存收益是指归所有者所共有的、从实现的利润收入中提取的或形成的留存于企业的所有者权益累计，包括法定盈余公积、任意盈余公积和未分配利润。

所有者权益构成图

实收资本	投资者实际投入企业的资本。
资本公积	企业资本本身升值或其他原因导致企业投资者的权益增加。
盈余公积	盈余公积是指企业从收益中提取或形成的留存于企业的积累。
留存收益	未分配利润是指企业留于以后年度分配的利润或待分配利润。

盈余公积分为法定盈余积和任意盈余公积两种。法定盈余公积是在净利润的基础上，按国家规定以10%的比例提取。任意盈余公积是根据企业的需要，由股东大会决定提取的比例。

未分配利润是指企业留于以后年度分配的利润或待分配利润。未分配利润是本年度所实现的净利润经过利润分配后，留存于企业的剩余，待以后分配或处理。如果未分配利润出现负数，即表示年末的、未弥补的亏损，应由以后年度的利润或盈余公积来弥补。

专家点评

所有者权益是投资者对企业净资产享有的经济利益，投资者享有分配企业利润的权益，但同时也承担着一定的经营风险，如企业经营亏损等。所有者拥有企业的管理权或者委托他人管理企业的权利。

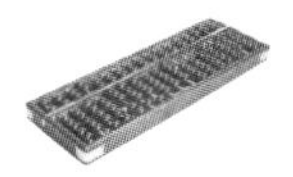

所有者权益表变动项目

关键词：库存股票　库存股份

库存股票：是指由股份公司发行并以各种方式回收的股票。

库存股份：是指股份公司购回而没有注销的，并由该公司持有的已发行股份。

经典示例

所有者权益变动表自下而上反映了各项目的本年增减变动过程，其计算如下：

本年年末余额＝本年年初余额＋本年增减变动金额

本年年初余额＝上年期末余额＋会计政策变更＋前期差错更正

本年增减变动金额＝净利润＋直接计入所有者权益的利得和损失＋所有者投入和减少资本＋利润分配＋所有者权益内部结转

所有者权益变动表从左到右列示了所有者权益的组成项目（实收资本、资本公积、盈余公积、未分配利润和库存股），以及各项目年初至年末的增减变动过程。

所有者向企业投入的资本，在一般情况下无须偿还，可以长期周转使用。企业增加实收资本一般有：资本公积转实收资本、盈余公积转实收资本、利润分配转实收资本和发行新股等方式。实收资本减少的情况有以下几种原因：企业发生重大亏损而需要减少实收资本，一般通过回购股票的方式减少实收资本。

资本公积是通过企业非营业利润所增加的净资产，包括接受捐赠、资本汇率折算差额和资本（股本）溢价等原因增加的财产物资。资本公积的增加主要是资本（股本）溢价和其他资本公积；而资本公积减少的原因主要是用于增加企业的资本（即转增资本）。盈余公积的增减变动可以直接反映出企业利润积累的情况。

未分配利润是本年度所实现的净利润经过利润分配后所剩余的利润，等待以后分配。如果未分配利润出现负数时，即表示年末的未弥补的亏损，应由以后年度的利润或盈余公积来弥补。

所有者权益增加和减少

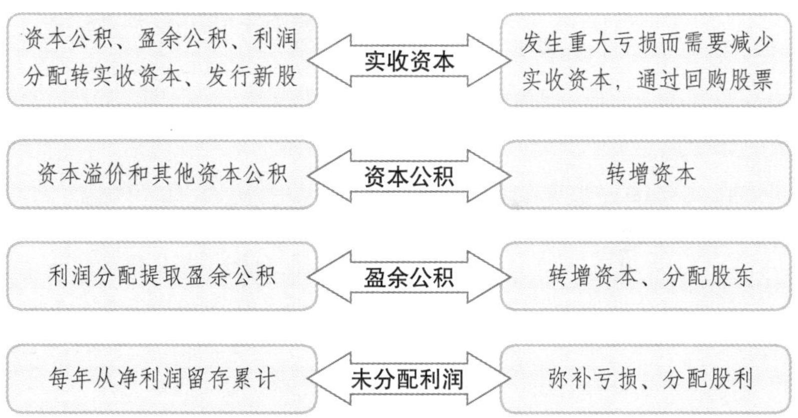

专家点评

用盈余公积转增资本，由于两者同是所有者权益类，只是内部一个增加一个减少，总额不变，所以不会引起其他变动。用盈余公积给股东分配利润，是将企业经营中获得的成果派发给投资者的投资收益，会减少企业的利润累积。

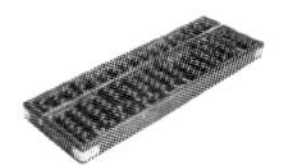

所有者权益变动表的分析

****

关键词：资本　保值增值率

资本：是指企业所有者投入的用于生产经营，并且能产生效益的资金。
保值增值率：是指企业对资本的利用所产生的效益或资本保全情况。

通过企业所有者权益变动表可以观察企业资本运营效益和资本的安全情况，表中反映的数据表示就是资本保值增值率。

资本保值增值率是所有者权益变动表的期末数与期初数的比例，用于反映企业在某一会计期间企业资本的保值增值水平，可以体现投资者投入企业资本的利用效益和资本保全性。当企业的资本保值增值率等于100%时，表示资本保值；当资本保值增值率大于100%时，表示资本增值；当资本保值增值率小于100%时，表示资本减值。一般来说，一个企业的资本保值增值率越大，企业资本增值潜力越高，企业经营效益越好；而资本保值增

经典示例

资本保值增值率的计算

北京××有限公司，2019年年初（期初）的所有者权益合计为350万元，年末（期末）所有者权益合计为600万元，计算资本保值增值率如下：

资本保值增值率的计算公式为：

资本保值增值率＝期末所有者权益/期初所有者权益×100%

期末所有者权益600万元×100%/期初所有者权益350万元≈171%

表示2019年度，该公司的资本增值了171%

值率越小，说明企业资本增值率越小；资本保值增值率低于100%时，说明企业的经营效益低下，不利于企业的发展壮大。

资本保值增值率的意义

资本保值增值率	意义
资本保值增值率大于100%	表示企业资产增值
资本保值增值率等于100%	表示企业资产保值
资本保值增值率小于100%	表示企业资产减值

所有者权益的四项构成项目中，即实收资本、资本公积、盈余公积和未分配利润，只要其中任何一项变动都将引起所有者权益总额的变动。不过有些项目的变动并不能从真正意义上说明资本保值增值，如投资者追加投资、接受外部捐赠或资产评估增值引起的资本公积的增加。

不是所有情况下，期末所有者权益的增长都可以视为资本增值，或期末所有者权益未减少都可视为资本保值。因为企业本期资本的增值不仅表现为期末盈余公积和未分配利润的增加，还应包括本期企业向投资者分配的利润，分配的利润不包括在期末所有者权益中。

专家点评

真正意义上的资本保值增值率提高取决于企业当期实现的利润收入增长，也就是说是以利润为依据。而筹集资本、利润分配等事项与影响所有者权益变动的项目无关。

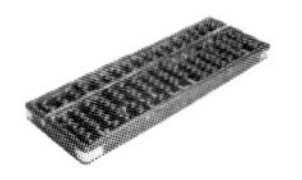

分析企业资本效益

关键词：资本收益率　平均资本

资本收益率：是指企业净利润与平均资产之间的比例，用于反映资本获利能力。

平均资本：是指企业当期的资产总额期初数与期末数的平均值。

资本收益率也称资本利润率，是企业净利润与平均所有者权益之间的比率，是用于反映企业利用资本获取利益能力的财务指标。企业的资本收益率越高，表示企业经营利用资本获取收益的能力越强，资金运营效益越高，企业资本的安全性越高；相反，如果企业的资本收益率低，表示企业资金的效益低下，资金的风险大，企业的经营效率低下。

经典示例

资本收益率的计算

资本收益率的计算公式为：

净利润 / 平均资本 ×100 = 资本收益率

其中：平均资本 =（资产总额年初数 + 资产总额年末数）/2

2017 年，北京 ×× 有限公司实现净利润收益为 300 万元，企业年初的资本总额为 650 万元，年末的资本总额为 950 万元，计算该企业的资本收益率如下：

平均资本：（年初资本总额 650 万元 + 年末资本总额 950 万元）/2=800 万元

净利润 300 万元 / 平均资本 800 万元 ×100% ≈ 38%

每一块钱资本，能获取 0.38 元的收益。

平均资产是指企业资产总额年初数与年末数的平均值。资产负债表上的资产总额是负债和所有者权益总和。资产总额指为企业所拥有或控制的全部资产，包括流动资产、长期投资、固定资产、无形及递延资产、其他长期资产等，也就是企业资产负债表的资产总计项。

投资总额是投资人投入的总资产，包括注册资产部分、投资总额减去注册资产部分后的负债形式。注册资本是公司注册规定对公司债务承担偿还责任的投入资产部分。

资本收益率的高低

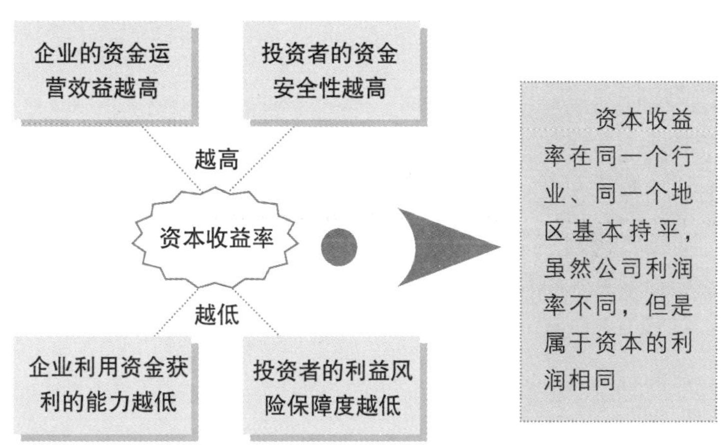

专家点评

在同一个地区，资本收益率不会因为行业差别而有多大差距。这是因为，资本会自动流动，高回报行业会因为资本的流入而收益率逐渐被稀释。

什么是利润分配

关键词：利润分配　股利

利润分配：是指将企业某一会计期间实现的净利润分配给投资者。
股利：是指股份制公司向股东分配红利。

企业在某一期间的经营过程中实现了盈利，则需要向所有者或投资人分配利润（或股利）。

利润分配，是将企业在某一会计期间实现的净利润，按照我国《公司法》规定的分配要求和分配程序，对投资者进行分配。利润分配的时间与确认利润分配的时间由股东大会商议决定。向股东分配利润（红利）时，企业在弥补亏损、提取盈余公积和公益金后，才能将剩余的利润向股东发放。

向股东分配利润

北京 ×× 有限公司 2017 年决定将本年可供分配利润 50 万元，向股东分配利润。该公司有甲、乙两个股东，其中甲出资 40 万元，占公司股份的 40%，乙出资 60 万元，占公司股份的 60%。按照股东持有的股份比例进行分配，甲、乙两个股东分配的利润计算如下：

甲股东：50 万元 ×40%=20 万元

乙股东：50 万元 ×60%=30 万元

国家规定的企业利润分配政策主要有剩余股利政策、固定或持续增长的股利政策、固定股利支付率政策、低正常股利加额外股利政策。

剩余股利政策，是指在公司有着良好的投资机会时，根据一定的目标资本结构，测算出投资所需的权益资本，先从盈余当中留用，然后将剩余的盈余作为股利予以分配。

固定或持续增长的股利政策，将每年发放的股利固定在一个固定的水平上并在较长的时期内不变，只有当公司认为未来盈余将会显著地、不可逆转地增长时，才提高年度的股利发放额。

固定股利支付率政策，该政策是公司确定一个股利占盈余的比例，长期按此比例支付股利的政策。

低正常股利加额外股利政策，一般是每年只支付一个固定的、数额较低的股利；在盈余较多的年份，再根据实际情况向股东发放额外股利。

股利政策的选择

企业发展阶段	特　点	适用股利政策
创始阶段	企业处于起步阶段，资本实力较弱	剩余股利政策
高速发展阶段	企业产品的市场扩大，投资规模扩大	低正常股利加额外股利政策
稳定增长阶段	企业产品在市场上地位比较稳固，投资需求减少，利润收入比较稳定，企业股价呈上升趋势	固定或持续增长的股利政策
成熟阶段	企业产品在市场上处于饱和状态，盈利水平稳定但增长空间小，公司通常已积累了一些资本实力	固定股利支付率政策
衰退阶段	产品收入和利润急速下降，股利支付能力渐弱	剩余股利政策

专家点评

股利支付的程序分三步：股利宣告，公司董事会公告向股东支付股利；股权登记，股东登记领取股利，也称除权；股利支付，是指企业向股东发放股利。

利润分配程序

关键词：盈余公积　可供分配的利润

盈余公积：是指企业从实现的利润中提取的留存于企业的内部积累，包括法定盈余公积、任意盈余公积。

可供分配利润：是指可以实际用于分配给股东的利润。

根据《中华人民共和国公司法》等有关法规的规定，企业利润分配应按照以下程序进行：计算可供分配的利润、提取法定盈余公积、提取任意盈余公积和向投资者分配利润（股利）。

利润分配程序

如北京××有限公司，2018年实现利润80万元，年初未分配利润为10万元。企业进行利润分配如下：

计算可分配利润：80万元+10万元=90万元；按规定从净利润中提取10%的法定盈余公积；本年度应提取法定盈余公积=90万元×10%=9万元；可供股东分配利润为：90万-9万元=81万元。

企业以前年度未分配的利润，可以并入本年度进行分配。即将本年净利润（或亏损）与年初未分配利润（或亏损）相加，计算出可供分配的利润。然后按国家规定以净利润的10%的比例提取法定盈余公积，任意盈余公积即由股东根据情况决定。如可供分配利润为负数，也就是亏损，则不能进行后续分配。所以利润分配是在可分配利润为正数，即企业实现盈利的前提下才可进行。

利润分配的程序

1.计算可供分配的利润

本年净利润（或亏损）与年初未分配利润（或亏损）相加，得出可供分配的利润。如果可供分配的利润为负数（即亏损），则不能进行后续分配；如果可供分配利润为正数（即盈利），才能进行后续分配。

2.提取公积

公积包括法定盈余公积和任意盈余公积。盈余公积是在企业实现的盈利，并且弥补前年度亏损后，所剩余为正数的前提下，按净利润10%的比例提取。

3.向投资者分配利润（股利）

企业以前年度未分配的利润，可以计入本年度分配。企业股东会或董事会，如有违反国家规定的利润分配顺序，在抵补亏损和提取法定盈余公积之前向股东分配利润的，必须将违反规定发放的利润退还公司。

利润分配程序

第一步	·计算可供分配的利润 ·本年净利润（或亏损）与年初未分配利润（或亏损）相加
第二步	·提取公积 ·按净利润10%的比例提取法定盈余公积
第三步	·向投资者分配利润或股利 ·企业以前年度未分配的利润，可以计入本年度分配

专家点评

企业进行利润分配之后剩余的部分是未分配利润，它是企业留存以后年度进行分配的历年结存的利润。相对其他所有者权益的项目，企业对于未分配利润的使用有较大的自主权。

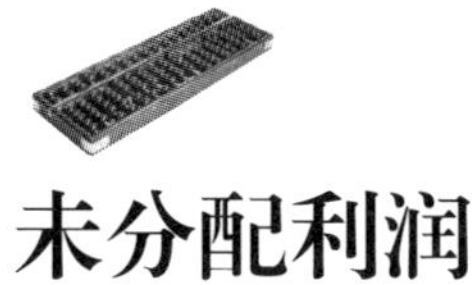

未分配利润

关键词：未分配利润　股利分配

未分配利润：是指企业在实现的利润中未作分配的、留存于企业的利润。
股利分配：是指企业向投资者分派股利，是企业利润分配的一部分。

未分配利润是企业在实现的净利润中未进行分配的利润部分。它是企业期初未分配利润加本期实现的净利润，减去提取的各种盈余公积和分配了利润后的余额，留存于企业可用于以后年度进行分配，在未进行分配之前，属于所有者权益的组成部分。上市公司实现的利润不可以全部分完，必须留存一部分利润，等下年度支配。如果是上一年度未弥补的亏损，同样留到以后年度进行弥补。留存的利润通过“未分配利润”科目显示，反映企业每年累计的未分配利润或累计亏损。

> **经典示例**
>
> **未分配利润的计算**
>
> 2016 年，北京 ×× 有限公司实现的净利润为 200 万元，按净利润的 10% 提取盈余公积，并从净利润中提取 150 万元用于向分配利润。计算未分配利润如下：
>
> 从净利润中提取 10% 盈余公积：220 万元 ×10%=22 万元
>
> 净利润 220 万元 － 盈余公积 22 万元 － 分配利润 150 万元 ＝ 未分配利润 48 万

未分配利润包含两个层次，第一层次是留待以后年度处理的利润；第二层次是未指明特定用途的利润。在所有者权益各项目中，企业对未分配利润的使用和支配拥有较大的自主权。

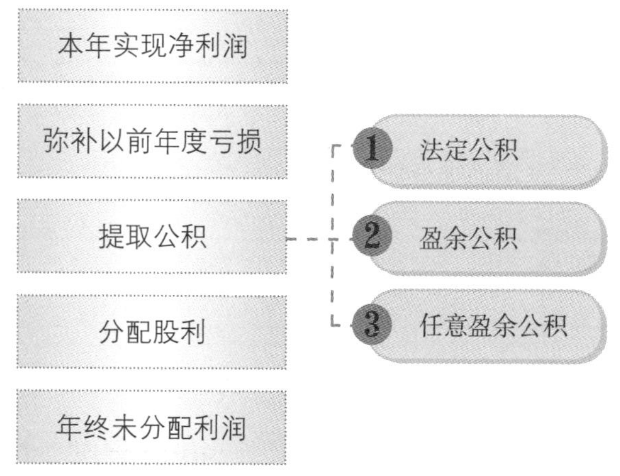

未分配利润的计算程序为：本年实现的净利润；弥补以前年度亏损；提取公积金（包括法定盈余公积、法定公积、任意盈余公积）分配股利；最后剩下的就是年终未分配利润。盈余公积一般用于弥补亏损或转增资本，而法定公积只能用于职工集体福利。

未分配利润核算是通过“利润分配——未分配利润”账户进行的。年度终了时，将本年实现的净利润结转到“利润分配——未分配利润”账户的贷方。同时将本年利润分配的数额结转到该账户的借方。结账后，贷方期末余额表示累计的未分配利润，借方期末余额反映累计的未弥补亏损。

专家点评

年度终了时，会计应将本年实现的净利润结转到“利润分配——未分配利润”账户的贷方，将本年利润分配的数额结转到该账户的借方。结转后，贷方期末余额表示累计的未分配利润，借方期末余额反映累计的未弥补亏损。

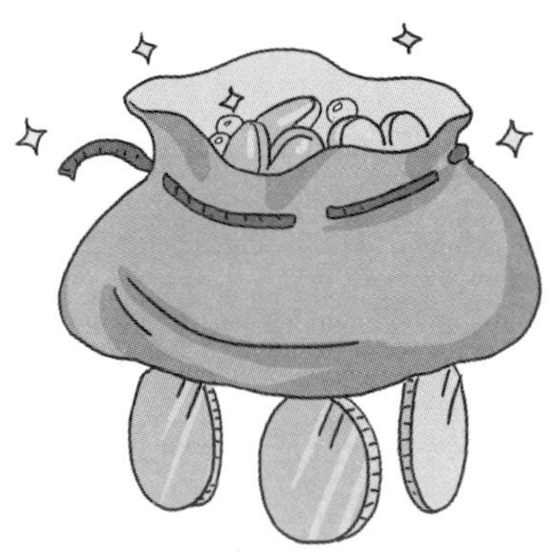

第6章

运用合并会计报表

在报表实际操作中，报表之间往往存在交叉的现象，财会人员需要根据各种凭证来制作报表，根据利润表来编制现金流量表，根据现金流量表和利润表编制资产负债表，而所有的报表在一个会计工作阶段的总结都汇总到所有者权益变动表中。

在企业的发展过程中，合作、交叉、并购等发生时，公司的财务报表还需要和外界进行交汇。这些事务的处理都是财务报表合并的内容。

什么是合并财务报表

****

关键词：合并财务报表　合并商誉

合并财务报表：是指用于反映集团企业某一时间或地点的整体财务状况、经营成果、现金流转情况的财务报表。

合并商誉：在企业进行合并的时候，其无形资产往往会因为规模扩大而出现增值的现象。

合并财务报表也称合并报表，是指用于综合反映集团企业某一期间或地点的整体财务状况、经营成果以及现金流量情况的财务报表。合并报表一般由集团公司的母公司编制，而子公司提供数据。

经典示例

2005年，联想收购IBM个人电脑业务的时候雇用了一个庞大的会计团。因为国别的不同，财务报表的编制方式差别很大，然而在收购业务下，财务报表又必须统一，所以联想集团就需要大量的专业人士来为他们合并报表。2009年，收购结束，这批会计师重新出动，又将财务报表分割开来。

合并报表主要由合并资产负债表、合并利润表、合并现金流量表、合并所有者权益变动表等组成。

合并资产负债表，是指反映企业集团在某一特定时期财务状况的报表，一般是以母公司为核心编制。

合并利润表，是以企业集团的母公司为核心编制的，反映某一特定时期内经营成果的报表。

合并现金流量表，是指反映企业集团在某一时期内的经营活动、投资活动和筹资活动所产生的现金流入、流出情况的会计报表。

合并所有者权益变动表，是反映企业集团某一时期内，所有者权益的各项组成部分的增减变动情况的财务报表。

和普通的财务报表相比，合并财务报表有着明显的特点。合并资产负债表与个别财务报表间的区别在于：在资产负债表中，所有者权益项目下增加“归属于母公司所有者权益合计”和“少数股东权益”两个项目。在合并利润表中，净利润项目下增加“归属于母公司所有者的净利润”和“少数股东损益”两个项目；在综合收益总额项目下增加“归属于母公司所有者的综合收益总和”和“归属于少数股东的综合收益总额”两个项目。合并现金流量表与个别现金流量表格式相同。合并所有者权益变动表中增加了“少数股东权益”项目。

合并财务报表

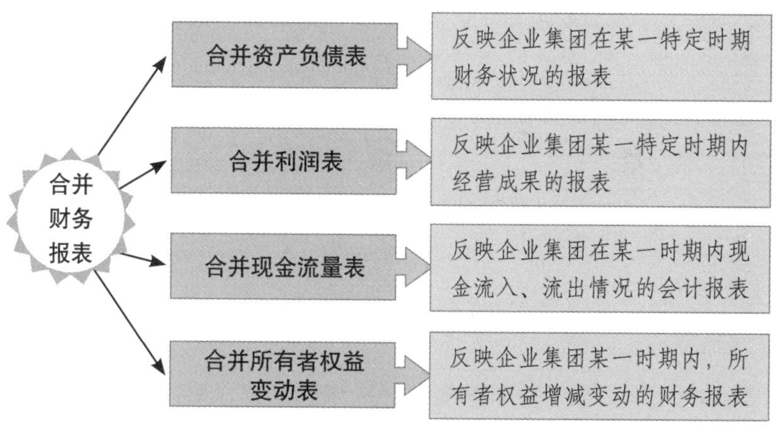

专家点评

母公司与子公司都是独立的法人时，需要分别编制财务报表，但大部分母公司与子公司是有产权和隶属关系的企业集团，是一个整体法人就应该填制合并财务报表，用以反映整体的财务状况、经营成果和现金流量情况等。

母公司与子公司

****

关键词：母公司　子公司

母公司：在法律上完全承担所有责任，享受所有权利的法人组织。

子公司：从属于某个母公司，在法律上承担部分责任，享受部分权利的法人组织。

母公司是指拥有一个或一个以上子公司的企业，意味着母公司可以拥有并控制一个子公司，也可以同时拥有或控制多个子公司。母公司可以是企业（如股份公司、有限责任公司），也可以是主体，即非企业形式的组织，如基金等。另外，母公司必须满足控制的要求，即能够决定被控制企业的经营决策或财务决策的要求，并且能从被控制企业的经营活动中获取利益。

经典示例

著名的食品工业巨头稻香村集团，总共有2个生产基地，34个直营店，80多个加盟店。除了一个生产基地是总部外，另一个生产基地和34个直营店这种子公司每月的财务报表都必须报送总部，其他所有的加盟店在缴纳加盟费和接受监督之后，就拥有完全的经营权，其财务报表对总部是保密的。

子公司是指被母公司控制的企业。子公司可以是企业（如股份公司、有限责任公司），也可以是主体，如非企业形式，但属于会计主体的其他组织，如基金、信托公司等。

这里所谓的控制，是指一个企业能够决定另一个企业的经营政策和财务决策，并从另一个企业的经营活动中获取利益的权力。控制一般具有以下四个特征：

1.控制的企业或主体是唯一的，不是两方或多方。也就是说对被投资企业的财务和经营政策不需征得其他方同意便能执行。

2.控制主要是针对企业财务和经营政策方面的控制。企业的财务和经营政策一般是通过表决权来决定的，如对于一些只有设立者或发起人才能决定的特殊目的企业经营活动的政策。有些情况下，也可以通过董事会管理层决定。

3.控制是一种权力性质的，可以是通过企业章程、协议或投资者之间的协议授权。

4.控制的主要目的是为获取经济收益，一般是为了保护经济利益、维持经济利益、增加经济利益，抑或降低风险和损失等。

子母公司的关系

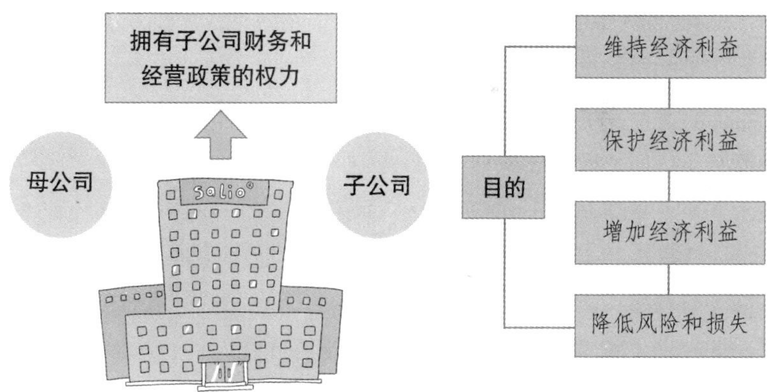

当一个企业掌握着另一个企业的股份比例足以控制该企业时，控制的公司则为母公司或控股公司，被控制的公司称为子公司或附属公司。

如何确定报表合并范围

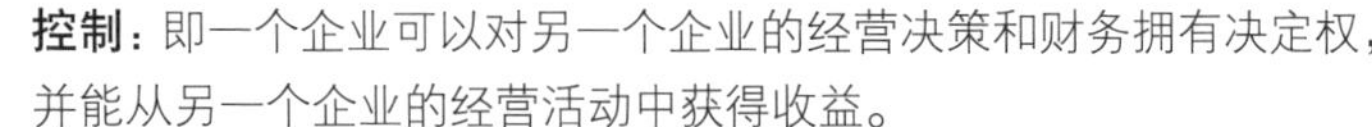

关键词：控制

控制：即一个企业可以对另一个企业的经营决策和财务拥有决定权，并能从另一个企业的经营活动中获得收益。

经典示例

北京××有限公司投资A公司，其在A公司持有的资本为62%，并在A公司董事会成员10人中占了6个人。这表示北京××有限公司控制了A公司，北京××有限公司为母公司，A公司是子公司。

企业财务报表的合并范围的确定必须以财务控制为基础。所谓控制，即是一个企业可以对另一个企业的经营决策和财务拥有决定权，并能从另一个企业的经营活动中获得收益。通常我们将企业与企业之间的这种纽带关系，用母公司与子公司加以区别。母公司拥有被投资企业半数以上的表决权，则能将被投资公司确认为子公司，并且将其确认为报表报表合并的范围（除被投资公司有证据证明母公司不能控制该单位外）。

控制的有以下几项具体标准：

1.是母公司直接或间接拥有被投资企业超过半数的表决权，则表示母公司能控制被投资企业，应将被投资单位确认为子公司，并纳入财务报表的合并范围。

2.是母公司拥有被投资企业半数以下的表决权，但同时满足以下条件之一的，可视母公司能够控制被投资单位。

（1）根据公司章程或协议规定，对投资企业的财务和经营政策拥有决定权；

（2）通过与被投资企业其他股东的协议，拥有被投资单位超过半数的表决权；

（3）有权任免被投资企业的董事会机构的大多数成员；

（4）在被投资企业的董事会或类似机构中的表决权占多数。

3.确定是否控制被投资企业时，还应将企业和其他企业持有的被投资企业当期可转换公司债券和当期可执行的认股权证等隐性表决权因素考虑在内。

4.母公司应当将所有的子公司纳入合并范围，不论子公司的经营规模大小或其他因素都应一并纳入合并范围。

母子公司关系

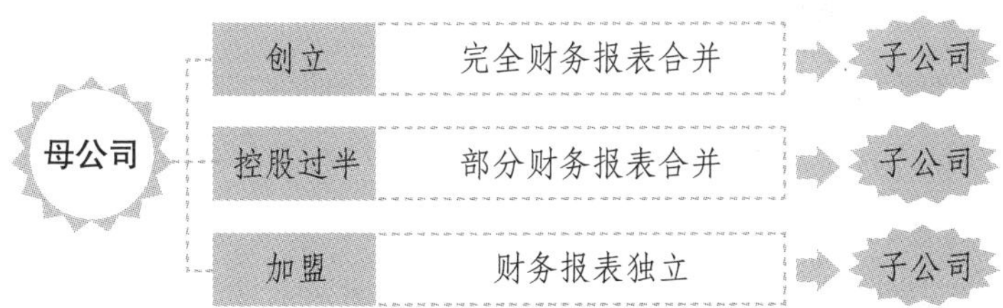

根据新准则的规定，合并范围的确定应当以控制为基础确认，如共同控制的合营公司是共同控制，如果没有达到上述要求，则不予纳入合并范围。另外，上述要求均除去被投资公司有证据证明母公司不能控制该企业的情况。

合并报表的编制

****

关键词：合并报表编制的前提　合并报表披露内容

合并报表编制的前提：是指企业编辑合并财务报表前需要准备的前期工作。

合并报表披露内容：是指合并财务报表里应按规定列示的内容和项目。

经典示例

财务报表合并得越多，会计误差就会越大。我国改革开放头20年里，大量的国企被收购、合并、重组，这给财务报表出现漏洞留下了巨大的空间。有人估算，在这个过程中，全中国大约有价值8万亿元人民币的国有资产因为改组而流失，被称为“国企黑洞”。

编制合并会计报表需要涉及多个经营主体，为了全面、准确地反映企业集团的真实情况。根据我国会计准则有关规定，编制合并会计报表时需要准备好以下几个事项：统一母公司与子公司的会计政策；统一母公司与子公司的会计期间和决算日；对于用外币作为记账本位币的子公司，按一定的汇率折算为母公司的记账本位币来编制会计报表。母公司对子公司的股权投资采用权益法核算。

统一母公司与子公司的会计政策，子公司与母公司采用的会计政策应当保持一致，当子公司的会计政策与母公司不一致时，母公司应按其本身规定的会计政策对子公司会计报表做必要的调整。

统一母公司与子公司的会计期间和决算日，子公司会计报表决

编制合并报表准备项目

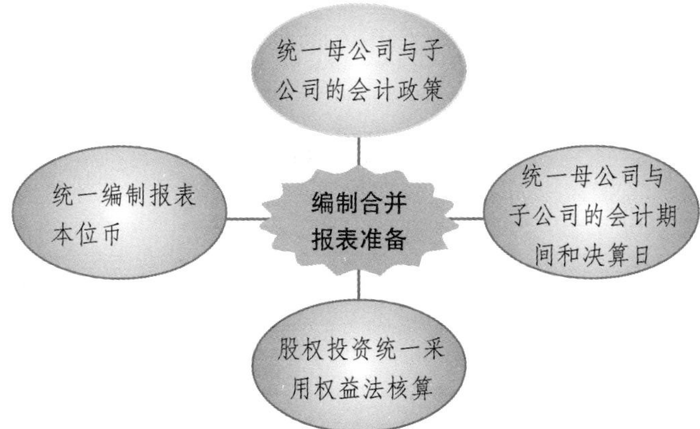

算日和会计期间应当与母公司保持一致。不一致时，母公司必须对子公司的会计报表进行调整，并将调整后的日期编制合并到会计报表。

统一母公司与子公司会计报表本位币，母公司应按规定将境外子公司会计报表中的数额折算为母公司的记账本位币，对于境内子公司采用与母公司不同记账本位币编制会计报表的，也应将其折算为母公司记账本位币，编制合并会计报表。

母公司对子公司的股权投资采用权益法核算，母公司在对子公司进行权益性资本投资时，必须根据权益法核算，并以此单独编制会计报表，作为合并会计报表的基础。

子公司以外币为基本币编制报表，那么合并报表的需要汇率折算：利润表的折算方法是按交易发生日汇率或近似汇率折算；所有者权益变动表是按业务发生时历史汇率折算；资产负债表是按资产负债表日的汇率折算。

合并报表附注

关键词：会计政策　编制

会计政策：是指企业进行会计核算和编制会计报表时所采用的会计原则、程序和处理方法。

编制：在财会准则中，是收集、整理、存档和输出财务报表的流程总称。

在编制合并会计报表时，企业应当按照会计准则有关规定，在数据后的附注中披露以下信息：

1.子公司的清单，包括企业名称、注册地、业务性质、母公司的持股比例和表决权比例。

2.母公司拥有被投资单位表决权不足半数但能对其形成控制的原因。

3.母公司间接拥有被投资单位半数以上的表决权但未能对其形成控制的原因。

4.子公司与母公司所采用的会计政策不一致，编制合并财务报表的处理方法及其影响。

5.子公司与母公司的会计期间不一致，编制合并财务报表的处理方法及其影响。

经典示例

不纳入合并范围的关联企业

编制合并报表附注时，对于不纳入合并范围的关联企业需要在合并附注中说明原因，一般有以下几种情况：对于不能有效控制的子公司的说明；与母公司有特殊关系企业的说明；有重大影响但没有形成控制的联营企业的说明。以上情况在是否纳入合并范围有所变动时，也应在合并附注中说明。

合并报表附注应列示的内容

序号	需要列示内容	说 明
1	子公司的清单	企业名称、注册地、业务性质、母公司的持股比例和表决权比例
2	母公司拥有被投资单位表决权不足半数，但能控制被投资单位	原因说明
3	母公司间接拥有被投资单位半数以上的表决权，但未能控制企业	原因说明
4	子母公司采用不一致的会计政策	编制合并财务报表的处理方法及其影响
5	子公司与母公司采用不一致的会计期间	编制合并财务报表的处理方法及其影响
6	本期增加子公司	按照《企业会计准则第20号——企业合并》的规定进行披露
7	本期不再纳入合并范围的原子公司	说明原子公司的名称、注册地、业务性质、母公司的持股比例和表决权比例，以及本期不再成为子公司等原因
8	子公司向母公司转移资金的能力受到严格限制	情况说明
9	需要在附注中说明的其他事项	其他需要说明事项

6.本期增加子公司，按照《企业会计准则第20号——企业合并》的规定进行披露。

7.本期不再纳入合并范围的原子公司，说明原子公司的名称、注册地、业务性质、母公司的持股比例和表决权比例，本期不再成为子公司的原因，其在决算日和上一会计期间资产负债表日资产、负债和所有者权益的金额以及本期期初至决算日的收入、费用和利润的金额。

8.子公司向母公司转移资金的能力受到严格限制的情况。

9.需要在附注中说明的其他事项。

专家点评

成熟企业的财务报表基本相同，所以报表的附注大部分是印刷字体，而那些不同部分就必须以手写来表现。

不应纳入合并报表的合并范围

关键词：破产　清查

破产：依据法律，向法院申请后得到批准，以现在所有资产偿还债务后，不再承担债务责任的经济行为。

清查：因为经营等问题，被法院依照规定强行停止存在，并整理资产偿还债务的经济行为。

在编制合并报表时，应根据会计准则的要求，将符合控制的被投资企业纳入合并范围。对于有下列情况之一的，不应纳入母公司合并财务报表的范围，一是已宣告被清理整顿的企业；二是已宣告破产的原子公司；三是母公司不能控制的企业。

根据2005年修订的《中华人民共和国公司法》第一百八十四条的规定，对于已宣告被清理整顿的原子公司，在当期已经由股东或董事大会指定的人员成立清算组，或是由人民法院指定的有关人员组成的清算组对企业进行日常管理。

已宣告被清理整顿的原子公司，是指在当期宣告被清理整顿的上期是本公司的子公司，由于在企业清算期间不得开展与清算无关的经营活动。因而，母公司在清算期间不能再控制该企业，则不能将其再确认为本公司的子公司。

已宣告破产的原子公司，也即当期宣告破产的企业，该企业上期曾是本公司的子公司。因此，根据我国《企业破产法》的规定，

财务报表不合并子公司

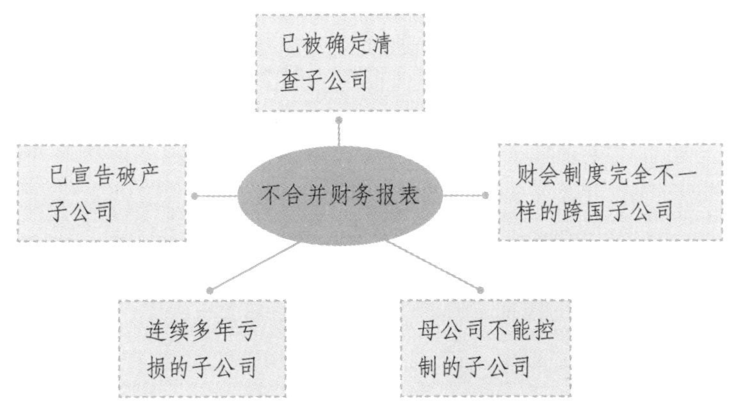

在此期间企业的日常管理转交到由人民法院指定的人进行管理。本公司不再拥有控制企业的权力，因此，不能再将其确认为本公司的子公司。

母公司不能控制的企业，除以上情形之外的其他被投资企业，如联营企业等。

按《公司法》的规定，母公司对子公司只承担投资额以内的有限责任。采用权益法核算，母公司对子公司股权投资下降为零时，便不需再承担子公司的债务和其他责任，因此，不必将其纳入合并范围。

最后注意，受到所在国外汇管制及其他管制，资金调度被限制的境外子公司不应编制合并财报。

专家点评

权益法核算，是指按照被投资企业的权益变动，调整投资企业的长期股权投资账面价值的对外投资核算方法。根据我国会计新准则规定，投资企业对被投资企业有重大影响或控制的长期股权投资，应当采用权益法核算。

合并报表的编制程序

关键词：个别报表

个别报表：是相对于合并报表而言的，是指以单个独立的企业作为会计主体编制的财务报表，也是编制合并报表的基础条件。

企业编制合并财务报表应按以下步骤进行：

第一步，将母公司和子公司财务报表中的数据，分别纳入合并工作底稿。

第二步，在工作底稿中，将母公司和子公司的会计报表中各个项目的数据相加，计算出个别利润表、个别资产负债表、个别所有者权益表的各项目之和，并将它们填写在“合计数”栏中。

第三步，编制抵销分录，是指将母公司与子公司之间相互发生的购销业务、债权债务和投资事项在个别财务报表中抵消。因为合计数中就已经包含了合并财务报表

经典示例

合并金额计算必须注意：

资产类项目，通过合计加总金额，再加上该项目抵销分录的借方发生额，减去抵销分录贷方发生额，得出合并金额。

负债和所有者权益类项目，各项目加总金额，减去该项目抵销分录的借方发生额，加上贷方发生额，等于合并金额。

收入和所有者权益变动项目，各项目金额加总，减去该项目抵销分录的借方发生额，加上贷方发生额，得出合并金额。

费用类项目，该项目合计金额，加上抵销分录的借方发生额，减去贷方发生额，得出合并金额。

范围内，子公司与母公司之间发生的经济业务。只有抵销这些重复记录的事项后，合并财务报表中的数据才能准确、客观地反映企业集团当期的财务状况。

第四步，计算合并财务报表中，各项目的数额。

母公司和子公司的财务报表各项目金额相加后，再分别计算出财务报表中各项目的合并金额，如资产、负债、所有者权益、收入、费用项目等。

第五步，填制合并财务报表。

根据资产、负债、所有者权益、收入、费用类和现金流量表中各项目计算好的合并金额，分别填制在合并财务报表中。

合并财务报表底稿样板

合并财务报表底稿

年 月 日　　　　单位：万元

项　　目	母公司			子公司			合计金额	抵销分录		少数股东权益	合并金额
	报表金额	借方	贷方	报表金额	借方	贷方		借方	贷方		
（资产负债表项目）											
流动资产：											
货币资金											
应收票据											
应收账款											
预付款项											
存　货											
流动资产合计											
非流动资产：											

专家点评

编制完合并工作底稿后，将各项目中的合并数额分别填入各合并会计报表，则可编制出整个企业集团的合并资产负债表、合并利润表和合并所有者权益表等。

合并资产负债表

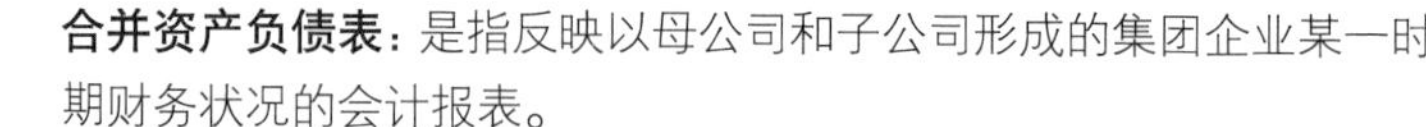

关键词：合并资产负债表　复杂权益法

合并资产负债表：是指反映以母公司和子公司形成的集团企业某一时期财务状况的会计报表。

复杂权益法：是指把投资企业对被投资企业的投资作为合并处理。它是一种符合权责发生制原则的核算方法。

合并商誉溢额是最难以处理的会计项目。一般来说，大型公司在合并时，其商誉溢额都需要请专业人士进行调查评估，得出一个大约的数据，然后根据接下来几个生产周期的运行情况，确定数值。

合并资产负债表是用于反映以母公司和子公司形成的企业集团，在某一时期财务状况的会计报表。其编制基础是根据母公司和子公司的资产负债表，通过编制合并工作底稿，再将企业集团内部之间的往来业务项目从个别资产负债表中抵销后编制而成。也就是说只有非集团企业内部的交易才予以合并。合并资产负债表是由企业集团中的母公司在每个会计年度终了时编制。

编制合并资产负债表时，需要进行抵销处理的项目主要有以下几种：

1.母公司对子公司长期股权投资和子公司所有者权益项目；

2.企业集团内部的子、母公司相互之间发生的债权债务项目，包括应收账款、应付账款等；

合并资产负债表溢出项目

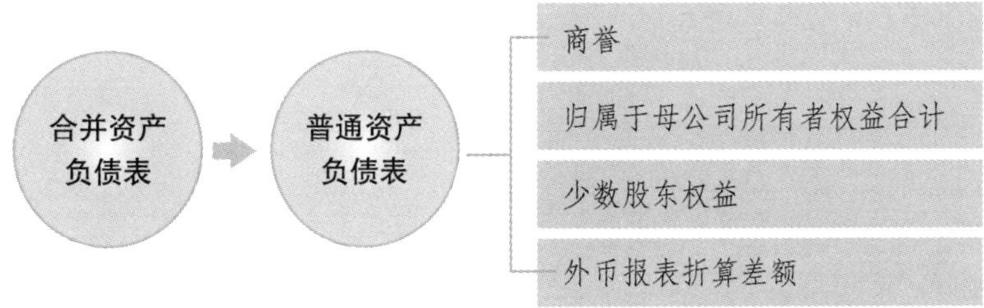

3.内部存货项目，即存货项目中包含的未实现内部销售利润，内部存货、固定资产购销所产生的未实现利润等均应抵消；

4.内部固定资产项目，其中包括固定资产原值和累计折旧，购进的固定资产价值中未实现的销售利润；

5.内部无形资产项目，企业购进的无形资产价值中，未实现的销售利润；

6.与抵销的长期股权投资、固定资产、无形资产、存货、应收账款等相关的资产减值准备；

7.所得税部分，子公司不是独立法人的时候，子公司所缴纳的个人所得税计入母公司个人所得税部分，所以所得税递延应该是计入同一个科目。

专家点评

合并后的资产负债表中，股东权益和留存利润数额应与母公司资产负债表中的股东权益数和留存利润数额齐平。

合并资产负债表

编制单位:青岛××股份有限公司　2019年12月31日　单位:元　币种:人民币

项　目	期末余额	年初余额
流动资产:		
货币资金	10 098 119 515.96	7 813 236 230.87
结算备付金		
拆出资金		
交易性金融资产		
应收票据	7 060 548 322.64	5 781 775 491.89
应收账款	2 141 519 625.34	1 978 395 309.66
预付款项	555 731 068.86	102 462 886.93
应收保费		
应收分保账款		
应收分保合同准备金		
应收利息	43 624 935.98	9 091 734.00
应收股利	12 665 919.76	677 388.90
其他应收款	101 887 941.42	92 112 699.27
买入返售金融资产		
存货	3 557 067 650.22	2 132 003 855.99
一年内到期的非流动资产		
其他流动资产		
流动资产合计	23 571 164 980.18	17 909 755 597.51
非流动资产:		
发放委托贷款及垫款		
可供出售金融资产	13 561 534.73	18 563 188.94
持有至到期投资		
长期应收款		
长期股权投资	1 078 317 683.37	889 986 705.83
投资性房地产	20 800 129.00	22 471 586.87
固定资产	3 172 289 232.83	3 104 407 676.59
在建工程	644 716 619.29	286 438 464.20
工程物资		
固定资产清理		
生产性生物资产		
油气资产		
无形资产	363 255 177.23	280 937 151.75
开发支出		
商誉		
长期待摊费用	391 366.02	1 160 314.72
递延所得税资产	402 659 469.00	188 583 766.51
其他非流动资产		
非流动资产合计	5 695 991 211.47	4 792 548 855.41
资产总计	29 267 156 191.65	22 702 304 452.92
流动负债:		
短期借款	861 136 338.00	
向中央银行借款		

续表

项　　目	期末余额	年初余额
吸收存款及同业存放		
拆入资金		
交易性金融负债		
应付票据	4 437 085 684.49	3 003 536 369.85
应付账款	6 399 534 654.84	4 311 513 616.51
预收款项	1 912 291 687.15	1 269 568 975.76
卖出回购金融资产款		
应付手续费及佣金		
应付职工薪酬	639 174 709.92	500 963 899.06
应交税费	819 299 792.15	343 440 582.66
应付利息	16 935 042.08	
应付股利	352 825 594.69	307 898 282.39
其他应付款	3 235 064 909.43	2 320 532 307.15
应付分保账款		
保险合同准备金		
代理买卖证券款		
代理承销证券款		
一年内到期的非流动负债		39 800 000.00
其他流动负债		
流动负债合计	18 673 348 412.75	12 097 254 033.38
非流动负债：		
长期借款		74 000 000.00
应付债券		
长期应付款		
专项应付款		
预计负债	1 011 188 840.23	761 055 260.80
递延所得税负债	10 097 068.29	11 037 548.85
其他非流动负债	83 734 439.31	45 427 712.33
非流动负债合计	1 105 020 347.83	891 520 521.98
负债合计	19 778 368 760.58	12 988 774 555.36
所有者权益（或股东权益）		
实收资本（或股本）	30 1 339 961 770.00	1 338 518 770.00
资本公积	1 780 902 468.97	2 348 604 106.03
减：库存股		
专项储备		
盈余公积	1 461 577 982.87	1 368 218 578.73
一般风险准备		
未分配利润	2 429 017 390.24	2 718 955 242.75
外币报表折算差额	8 465 630.78	6 190 848.43
归属于母公司所有者权益合计	7 019 925 242.86	7 780 487 545.94
少数股东权益	2 468 862 188.21	1 933 042 351.62
所有者权益合计	9 488 787 431.07	9 713 529 897.56
负债和所有者权益总计	29 267 156 191.65	22 702 304 452.92

合并现金流量表

****

关键词：合并现金流量表

合并现金流量表：是指反映集团企业某一时期的经营活动、投资活动、筹资活动产生的现金流入与流出，以及现金净流量情况的会计报表。

合并现金流量表，是指反映企业集团某一期间的经营活动、投资活动、筹资活动所产生的现金流入与流出，以及现金净流变动情况的会计报表。合并现金流量表与一般现金流量表一样，由经营活动现金流量、投资活动现金流量和筹资活动现金流量三个部分组成。

经典示例

合并现金流量表的编制

编制合并现金流量表，是以合并利润表和合并资产负债表为编制基础的，而不是以母公司或子公司的个别利润表和资产负债表为基础的。合并现金流量表的编制方法与个别现金流量表一样，主要有间接法和直接法两种。直接法是直接将两张表格的科目项目相加，而间接法是重新将现金流量表还原为现金日记账凭证。

合并现金流量表的编制方式和程序有着以下几个特点。

1.企业采用间接法计算经营活动的现金流量时，对于固定资产折旧、无形资产摊销费用和少数股东收益应加入合并净利润，并减去少数股东损失。

采用购买法计算合并经营活动的现金流量时，折旧费用和摊销费用应按合并子公司资产的公允价值进行计算，而对于少数股东的子公司净利润，也应计入经营活动现金净流入。

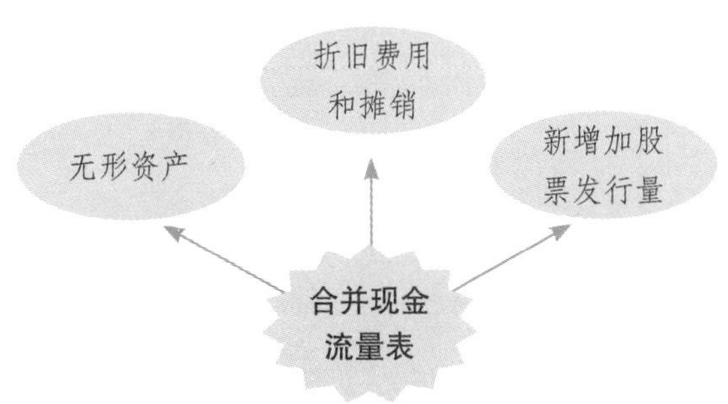

2.在企业集团中，母公司支付的现金股利和子公司支付给少数股东的现金股利，才属于筹资活动的现金流出。对于子公司向母公司支付现金股利，则不影响合并现金流量，这属于企业集团内部的现金转移。

3.母公司通过子公司购入该公司新增的股票，不需在合并现金流量表中报告，因为并不影响合并现金的数额。而母公司购入增发的股份，这种行为会减少合并现金数，因此，需要在合并现金流量表中列示为投资活动的现金流量。

4.母公司出售所持的部分子公司的股份所得的现金，应当在合并现金流量表中列示投资活动现金流量。

专家点评

我国《合并会计报表暂行规定》中并没有规定企业集团需要编制合并现金流量表，而是要求编制合并财务状况变动表。但由于《新会计准则》没有财务状况变动表准则，只有现金流量表具体会计准则，因此，合并现金流量表基本代替了合并财务状况变动表。

合并现金流量表

项　　目	本期金额	上期金额
一、经营活动产生的现金流量：		
销售商品、提供劳务收到的现金	56 590 410 548.34	40 561 535 955.94
客户存款和同业存放款项净增加额		
向中央银行借款净增加额		
向其他金融机构拆入资金净增加额		
收到原保险合同保费取得的现金		
收到再保险业务现金净额		
保户储金及投资款净增加额		
处置交易性金融资产净增加额		
收取利息、手续费及佣金的现金		
拆入资金净增加额		
回购业务资金净增加额		
收到的税费返还	275 619 669.81	129 203 783.73
收到其他与经营活动有关的现金	825 201 104.75	258 640 668.97
经营活动现金流入小计	57 691 231 322.90	40 949 380 408.64
购买商品、接受劳务支付的现金	39 223 188 707.54	24 988 417 302.52
客户贷款及垫款净增加额		
存放中央银行和同业款项净增加额		
支付原保险合同赔付款项的现金		
支付利息、手续费及佣金的现金		
支付保单红利的现金		
支付给职工以及为职工支付的现金	4 004 260 489.83	2 876 329 411.43
支付的各项税费	2 630 243 198.63	2 619 402 358.54
支付其他与经营活动有关的现金	6 249 913 529.56	4 904 205 579.13
经营活动现金流出小计	52 107 605 925.56	35 388 354 651.62
经营活动产生的现金流量净额	5 583 625 397.34	5 561 025 757.02
二、投资活动产生的现金流量：		
收回投资收到的现金	1 027 400.00	
取得投资收益收到的现金	259 349 907.91	27 047 032.61
处置固定资产、无形资产和其他长期资产收回的现金净额	5 361 119.39	21 660 360.00
处置子公司及其他营业单位收到的现金净额	1 955 800.00	

续表

项　　目	本期金额	上期金额
收到其他与投资活动有关的现金		
投资活动现金流入小计	267 694 227.30	48 707 392.61
购建固定资产、无形资产和其他长期资产支付的现金	1 264 216 542.14	337 771 116.22
投资支付的现金	2 533 908 805.19	
质押贷款净增加额		
取得子公司及其他营业单位支付的现金净额		
支付其他与投资活动有关的现金		
投资活动现金流出小计	3 798 125 347.33	337 771 116.22
投资活动产生的现金流量净额	–3 530 431 120.03	–289 063 723.61
三、筹资活动产生的现金流量：		
吸收投资收到的现金	135 095 242.69	42 502 367.00
其中：子公司吸收少数股东投资收到的现金		
取得借款收到的现金	2 170 902 056.00	189 946 392.02
发行债券收到的现金		
收到其他与筹资活动有关的现金		
筹资活动现金流入小计	2 305 997 298.69	232 448 759.02
偿还债务支付的现金	1 868 830 276.00	513 046 392.02
分配股利、利润或偿付利息支付的现金	608 296 645.77	342 993 362.58
其中：子公司支付给少数股东的股利、利润		
支付其他与筹资活动有关的现金		
筹资活动现金流出小计	2 477 126 921.77	856 039 754.60
筹资活动产生的现金流量净额	–171 129 623.08	–623 590 995.58
四、汇率变动对现金及现金等价物的影响	–64 091 369.14	–3 111.84
五、现金及现金等价物净增加额	1 817 973 285.09	4 648 367 925.99
加：期初现金及现金等价物余额	7 811 236 230.87	3 162 868 304.88
六、期末现金及现金等价物余额	9 629 209 515.96	7 811 236 230.87

合并利润表

****

关键词：合并利润表

合并利润表：是指用于反映形成企业集团的母公司和子公司，某一时期的经营成果的会计报表。

合并利润表是指将母公司和子公司形成的企业集团作为一个整体，反映其某一期间经营成果的会计报表。它是以母公司和应纳入合并子公司的利润表为基础的，由母公司编制。编制合并报表时应将企业集团内部的赊销业务抵销，再将个别报表中的收入、费用等项目的数额加总，从而计算出合并报表数额。

经典示例

并不是所有的合并都带来利润增加，只有存在优势的企业合并才能带来巨大的合并利润。比如新企业和大企业联合就会产生合并商誉。

编制合并利润表时对于一些重复计算的项目应进行抵销处理，编制合并利润表需要抵销项目主要有以下几项：

1.企业集团内部的营业收入和营业成本项目；

2.企业集团内部的固定资产、无形资产、存货等项目中未实现的内部销售损益；

3.企业集团内部的固定资产、无形资产等项目的折旧和摊销额中未实现的内部销售损益；

4.企业集团内部计提的坏账准备和资产减值准备中未实现的内部销售损益；

5.企业集团内部投资收益项目，包括内部股权投资收益、利息收入与支出等。

母公司在报告期内实现企业合并，即增加子公司，在编制合并利润表时，对于同一控制和非同一控制下的企业合并增加的子公司的会计处理应区别开来。

编制合并利润表需要抵销项目

一	内部的营业收入和营业成本项目
二	内部的固定资产、存货等项目中未实现的内部销售损益
三	内部的固定资产、无形资产等项目折旧和摊销额中未实现的内部销售损益
四	内部计提的坏账准备和资产减值准备中未实现的内部销售损益
五	内部投资收益项目，包括内部股权投资收益、利息收入与支出等

企业合并增加的子公司，属于同一控制下的，在编制合并利润表时，应将子公司当期期初至期末的收入、费用以及利润纳入合并利润表。对于非同一控制下的企业合并，则应将子公司从购买日至期末的收入、费用以及利润纳入合并利润表范围。

专家点评

合并利润表的格式是在利润表的基础上，增加了“归属于母公司所有者的净利润”和“少数股东损益”两个项目。分别反映集团企业的净利润中，属于母公司所有者的份额和子公司的净利润中属于少数股东权益的份额。

合并利润表

新星公司　　2019年1—12月　　单位:元　　币种:人民币

项　目	本期金额	上期金额
一、营业总收入	60 588 248 129.75	44 692 003 512.29
其中：营业收入	60 588 248 129.75	44 692 003 512.29
利息收入		
已赚保费		
手续费及佣金收入		
二、营业总成本	57 865 369 583.78	42 605 294 583.99
其中：营业成本	46 420 009 145.90	32 298 115 111.71
利息支出		
手续费及佣金支出		
退保金		
赔付支出净额		
提取保险合同准备金净额		
保单红利支出		
分保费用		
营业税金及附加	160 226 116.51	152 248 400.38
销售费用	7 815 461 209.67	7 141 575 436.74
管理费用	3 416 664 435.09	2 964 225 219.05
财务费用	6 658 266.14	16 163 428.59
资产减值损失	46 350 410.47	32 966 987.52
加：公允价值变动收益（损失以“－”号填列）		
投资收益（损失以“－”号填列）	263 666 041.69	171 532 299.77
其中：对联营企业和合营企业的投资收益		
汇兑收益（损失以“－”号填列）		
三、营业利润（亏损以“－”号填列）	2 986 544 587.66	2 258 241 228.07
加：营业外收入	737 470 704.78	149 200 708.32
减：营业外支出	11 708 789.80	15 790 159.17
其中：非流动资产处置损失	3 892 986.26	12 432 066.63
四、利润总额（亏损总额以“－”号填列）	3 712 306 502.64	2 391 651 777.22
减：所得税费用	888 022 311.38	512 919 177.02

续表

项　目	本期金额	上期金额
五、净利润（净亏损以“－”号填列）	2 824 284 191.26	1 878 732 600.20
归属于母公司所有者的净利润	2 034 594 665.84	1 383 456 268.35
少数股东损益	789 689 525.42	495 276 331.85
六、每股收益：		
（一）基本每股收益	1.520	1.034
（二）稀释每股收益	1.512	1.030
七、其他综合收益	37 929 531.76	14 933 900.09
八、综合收益总额	2 862 213 723.02	1 893 666 500.29
归属于母公司所有者的综合收益总额	2 054 949 538.64	1 394 131 141.82
归属于少数股东的综合收益总额	807 264 184.38	499 535 358.47

附注：

……

七、利润表说明

……

34. 在上述财务报表中，所提到的营业，指的是每月1号零点至每月月末12点之间，全部的主营业务和其他营业业务的综合。

35. 利润表编制过程中，营业税金根据各个子公司实际所缴纳税金总和得出。营业税金附加是指在下阶段报表中出现的退税和所得税递延项目。

36. 财务报表编制过程中，因为时间差而造成的损失计入财务费用。

37. 资产减值费用以我国每年公布的银行利率上调利率为基准确定。

38. 该项目为负数时，报表必须以赤字表示。

39. 3年内投入项目带来的收益计入该项。

40. 为可能在3年后实现项目进行的投资计入该项。

41. 不包括公司编制外员工（短期工、临时工、离退休工等）所缴纳的个人所得税。

42. 本期因为×××集团、×××公司解散，其存入准备金计入收益×××元；×××公司违反合约获得赔偿×××元；根据公司×××号文件，计入该项目×××元；根据国务院×××号文件，获得的奖励×××元计入该项……

……

第7章 如何进行财务分析

财务报表编制完成后，管理者就需要通过特定的方法，科学地分析这些财务报表。

分析过程完成后，管理者才能将一串串数据变成详尽的编码语言：这个巨大的数据代表什么意义？哪两个数据差异意味着危险？哪些数据才组成耳熟能详的比率？小数点代表着什么特殊含义？

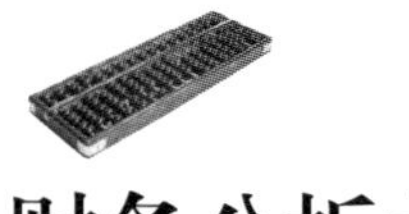

财务分析方法

****

关键词：财务分析法

财务分析法：是指以财务报表为基础，根据某些方法计算企业的经营情况的方法。

经典示例

在进行财务分析时，一般先阅读企业财务报告的审计报告。审计报告是指，注册会计师对上市公司会计报表的真实性，如是否如实反映企业财务状况、经营成果等情况而发表的审计意见。

财务分析的方法有很多种，常用的主要有趋势分析法、比率分析法和因素分析法三种。

趋势分析法也称水平分析法，是将两期或连续数期财务报告中相同指标进行对比，确定其增减变动的方向、数额和幅度，以说明企业财务状况和经营成果的变动趋势的一种方法。

趋势分析法的具体运用主要有以下两种方式：重要财务指标的比较，是指将不同时期财务报告中的相同指标或比率进行比较，可以看出不同时期的增减变动幅度。会计报表项目构成的比较，是指以会计报表中的某个指标作为总体指标，然后计算其各组成项目占总体指标的比例，从而对比各项目比率的增减变动情况。

比率分析法，是指根据财务报表中两个相关的数值，计算

出它们的比率，然后分析企业财务状况的方法。比率分析法主要有以下三种：

财务分析方法

构成比率：即某个财务指标与总体的比率，可以反映出总体与组成总体的个体之间的关系。

效率比率：是指某一项经济活动的费用和所得的比率，用于反映企业投入与产出的比例关系。可以看出企业的经营得失情况，评价企业的经济效益。

相关比率：是指根据某一项经济活动的相关因素或联系的项目比较，可以反映各个相关的经济活动之间的相互关系，如流动比率、速动比率都属于相关比率的一种。

比率分析法的优点是计算简便，计算结果容易判断，而且可以使某些指标在不同规模的企业之间进行比较，甚至也能在一定程度上超越行业间的差别进行比较。

因素分析法，也称连环替代法或因素替换法，是指用于确定相互联系的几个因素的分析对象相互影响程度的一种分析方法，如综合财务分析法。

专家点评

注册会计师出具的上市公司财务报告的审计报告一般有以下5种类型：1. 无保留意见审计报告；2. 部分保留意见审计报告；3. 保留意见审计报告；4. 拒绝发表意见审计报告；5. 否定意见审计报告。

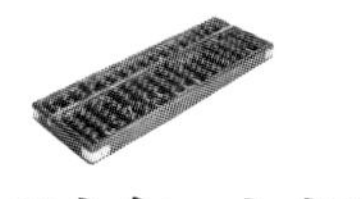

财务分析的主体

关键词：财务分析主体

财务分析主体：是指分析企业财务状况的主体，包括企业老板、管理者、投资者、债权人、政府机构以及其他利益相关者等。

财务分析的目的受财务分析主体的制约，不同的财务分析主体对应的财务分析的内容和方向也不同。一般来说，财务分析的主体主要包括企业老板或管理者、投资人、债权人、政府机构以及其他利益相关者。

经典示例

财务的分析有广义和狭义之分。广义的财务分析，是指根据会计核算资料或调查统计资料等，对企业的经营情况、获利能力等进行分析。狭义的财务分析，是指只是以会计报表中的各种数据为依据，分析企业经营成果、财务状况等情况。

企业老板和管理者是企业经营决策人，因此，他们对企业的经营业绩、企业的发展能力等有决定性的作用。老板和管理者进行财务分析的目的主要是，总结分析企业过去的经营情况，通过企业的过去，预测企业未来获利情况，以及制定未来的经营目标，还可以从中看出企业经营过程中存在的不足，以便及时调整经营策略，做出有利于企业的经营决策，以达到经营利润最大化的经营目标。

投资人，即企业的股东。股东投资企业的目的是获取经济利益。投资者为了保障其投资收益，需要进行必要的投资风险分析。

因此，在做投资决策的时候，股东会仔细分析企业的财务状况和经营成果，包括了解企业的获利能力、经营能力、企业分红情况、股票价格变动情况以及企业抵抗风险能力等。

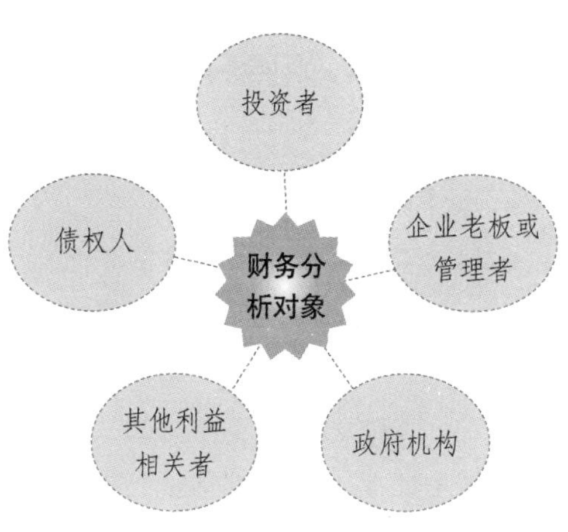

债权人是指贷款给企业的银行或其他金融机构或个体。他们分析企业财务状况的目的，是了解企业是否具备偿还债务的能力、企业的资本实力、获利能力以及企业信誉等情况，是债权人是否贷款或继续给企业贷款的主要决策依据。

政府机构，如税务局、证券管理机构、会计监管机构等，这些部门使用财务报表是为了履行其对企业的监督和管理职责。

其他利益相关者，包括审计人员、职工等。审计人员通过分析企业的财务情况可以确定审计的重点。

专家点评

财务分析也有一定的局限，其主要表现在以下两个方面：一是其所依据的财务报表数据本身有一定的局限性；二是财务分析本身的局限性。财务分析评价指标受许多因素的影响，因此，即使同一企业不同时期的指标也可能不具备可比性。

主要财务分析指标

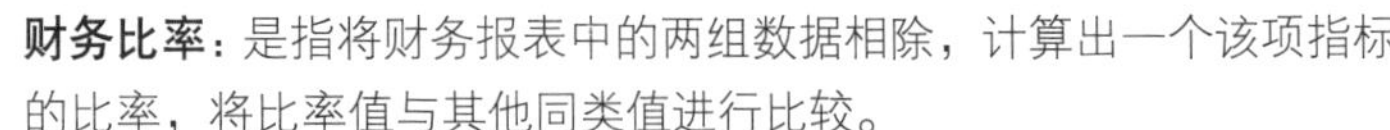

关键词：财务比率

财务比率：是指将财务报表中的两组数据相除，计算出一个该项指标的比率，将比率值与其他同类值进行比较。

经典示例

我们可以看到每年发布的财务报告中，大企业比小企业所贡献的税收高，并不意味着大企业比小企业的社会贡献率高。因为大企业的收入并不是主营业务，而是通过筹资、投资等获得收入。大企业所获得的收入可能是其他小企业的部分利润。所以在社会贡献率来说，一个小型玩具公司比一个大型筹资公司的社会贡献要大。

财务比率是评价企业某一时期财务状况和经营成果的相对指标。主要的财务指标有三种，一是偿债能力指标，包括资产负债率、流动比率、速动比率；二是营运能力指标，包括应收账款周转率、存货周转率；三是盈利能力指标，包括营业利润率、营业毛利率、资产报酬率等。大概常用的财务指标总共有35种，最经常使用的是其中的16种。

财务分析的目的受财务分析主体的制约——不同的财务分析主体进行财务分析的目的是不同的。

财务分析的一般目的可以概括为：评价过去的经营业绩、衡量现在的财务状况、预测未来的发展趋势。根据分析的具体目的，财

务分析可以分为流动性分析、盈利性分析、财务风险分析、专题分析（如破产分析、审计人员的分析性检查程序）。

财务分析指标

财务分析内容	意　　义	主要反映财务指标
盈利能力分析	反映企业获取利润的能力	营业利润率
		营业毛利率
		资产报酬率
营运能力分析	反映企业利用资金的效率	存货周转率/天数
		应收账款周转率/天数
		总资产周转率/天数
偿还能力分析	反映企业偿还到期债务的能力	流动比率
		速动比率
		现金比率
财务结构分析	反映企业资金结构是否健全	资产负债比率
		股东权益比率
		长期负债率

专家点评

营运能力指标是其他一切财务指标的基础，没有营运能力都是空中楼阁。

如何分析企业的财务结构

关键词：财务结构

财务结构：是指企业全部资产的来源的构成，即是资产与负债之间的比例关系。

企业的财务结构，一般是指资金筹集的形式和结构，也就是企业总资产中，权益资产与负债资产各自的比例。

财务结构是反映企业资产的主要构成与来源形式。看一个企业的财务结构是否稳健主要是看权益资产（也就是自有资产）和负债资产（即外借资产）在总资产中占的比例。自有资金是企业资本净值，主要包括资本公积、盈余公积、累积盈余等；外借资金是企业的负债，包括长期借款与短期借款等。一般来说，负债的比例越高，股东权益的比例就越小。负债比例高说明企业的资产中大部分是通过外借而来的，是企业的负债，需要固定的期限偿还和支付利息，对企业形成一定的负担。债务过高的话，还可能出现无法偿还债务的情况。因此，企业的财务结构是否稳健，是企业持续经营和发展能力的重要保障。企

经典示例

财务结构比率的计算公式

资产负债率：资产负债比率 = 负债总额 / 资产总额 ×100%

股东权益比率：股东权益比率 = 股东权益总额 / 资产总额 ×100%

长期资产适合率：长期负债比率 = 长期负债 / 资产总额 ×100%

业在做筹资决策时，老板或决策者应根据企业的实际情况，选择最适合本企业的财务资本结构。

分析企业的财务结构一般可以用资产负债率、股东权益比率、长期资产适合率等财务指标反映。

如果一个公司的负债为总资产的80%，说明该企业的总资产中，有80%是通过负债筹资而来的，而企业的自有资金仅占总资产的20%。此时企业的负债已经偏高，有可能出现债务没法及时偿还的情况。当负债占总资产的100%，这时企业的净资产为0，企业很可能因资不抵债面临破产的危机。

财务结构分析指标

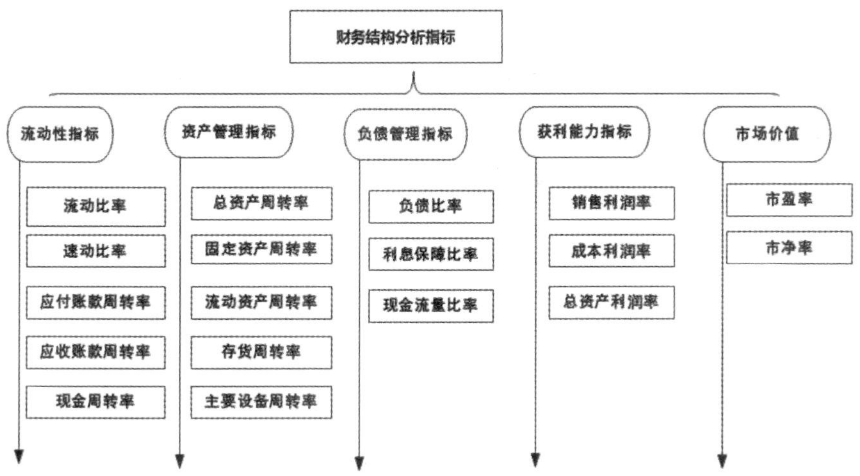

专家点评

企业财务结构没有最好，只有更好，不存在最优财务结构的说法。

资产负债比率

关键词：资产负债比率

资产负债比率：是指企业某一会计期间流动负债和长期负债占总资产的比率。

企业的资产构成主要是负债和所有者权益，负债占总资产的比例越高，说明企业的资产中负债占大部分，企业负债风险很高。而对于权益资产占总资产比例较大的企业，说明其资产结构稳固，负债风险较低。衡量企业资产和负债占总资产的比例，一般可以通过资产负债率进行分析。

资产负债比率的计算

北京××有限公司，2019年企业的资产总额为300万元，负债总额为150万元，计算该企业的资产负债比率则为：

负债总额150万元/资产总额300万元×100%=50%

资产负债比率为50%，说明该企业财务结构较为合理

负债总额与资产总额均在资产负债表获取。

资产负债率是指企业一定期间负债总和占总资产的比例，即企业的总资产中有多少是通过外部筹措而来的，它可以反映一个企业的负债筹措情况以及企业的负债水平。对于债权

资产负债比率的计算公式：

资产负债比率=负债总额/资产总额×100%

资产负债表

制表单位：北京××有限公司　2019年12月31日　单位：元

资产	2019年末	2019年初
流动资产：		
货币资金	80 010.84	58 541.68
应收票据	2 035.35	2 248.51
应收账款	29 200.98	29 648.39
预付款项	3 824.67	3 586.41
应收保费	132.57	130.53
资产总计	487 005.21	423 253.44
流动负债：		
短期借款	13 574.00	11 091.21
应付票据	3 001.31	2 471.36
应付账款	11 064.40	10 134.12
预收款项	6 218.15	5 748.26
应付职工薪酬	1 933.66	1 977.77
应交税费	2 319.22	2 771.01
应付利息	1 935.00	1 419.78
其他应付款	4 742.27	4 760.73
递延所得税负债	594.75	1 120.74
其他非流动负债	20 227.24	16 804.96
非流动负债合计	39 681.62	33 103.10
负债合计	409 744.43	351 736.07

人来说，企业资产负债率的高低，是考察企业偿还债务的保障度的一个重要指标。一般来说，企业资产负债率保持在60%为适中，资产负债率越低，说明企业资产构成中，大部分是由股东投入资产，且不需要返还给股东，因此企业的负债风险越低，债权人的资金的安全性越高，企业偿还债务越有保证。资产负债率也并非越低越好，过低则说明企业没有充分利用负债经营的方式为企业获取更多利益。资产负债率过高，说明企业的资产中大部分是通过外借而来的，一旦利用负债经营的收入不抵负债利息或过多负债，则容易出现无法偿还债务的情况。当企业的资产负债率高达100%时，说明企业已经资不抵债了，这时企业的净资产已为负数，很可以面临破产的危机。

专家点评

如果资产负债率低于同行业平均水平，说明企业的财务结构较为稳健，企业偿还债务的保障度高；如果高于同行，则说明企业的负债过高，企业的债务风险大。

股东权益比率

关键词：股东权益比率

股东权益比率：是指企业股东投入的权益资产与总资产之间的比率，即有多少资产是由企业所有者投入的。

股东权益比率，也称净资产比率，是指企业的所有者权益占资产总额的比率，反映企业的总资产中，有多少是由企业所有者投入的。一般来说，股东权益占总资产的比率越小，说明企业的净资产越少，而负债的比例则相对越大，企业正在使用的资金大部分来自债务。企业的负债越高其债务风险越高；反之，股东权益占总资产的比例越高，表示企业的资产大部分是由所有者投入，企业不需要向所有者偿还本金，企业承担的负债的风险

股东权益比率的计算

2018 年末，北京 ×× 有限公司的所有者权益合计数为 200 万元，资产总额为 600 万，计算该公司的所有者权益比率如下：

股东权益 200 万 / 总资产 600 × 100% ≈ 33%

表示企业股东权益比率偏低

资产总额与股东权益合计数均在资产负债表获得，股东权益即为所有者权益。

股东权益比率的公式：

股东权益比率＝股东权益总额/资产总额 × 100%

资产负债表

制表单位：北京××有限公司 2019年12月31日 单位：元

资产	2019年末	2019年初	增减幅度
流动资产：			
货币资金	80 010.84	58 541.68	36.67%
应收票据	2 035.35	2 248.51	–9.48%
应收账款	29 200.98	29 648.39	–1.51%
预付款项	3 824.67	3 586.41	6.64%
应收保费	132.57	130.53	1.56%
资产总计	487 005.21	423 253.44	15.06%
所有者权益			
股东权益：			
股本	24 261.81	22 847.03	6.19%
资本公积	22 530.49	23 064.61	–2.32%
减：库存股	1.02	0.97	5.60%
盈余公积	6 916.32	5 640.70	22.61%
一般风险准备	2 330.11	1 539.51	51.35%
未分配利润	15 517.98	13 306.36	16.62%
外币报表折算差额	–391.07	–184.95	111.45%
少数股东权益	6 096.16	5 305.08	14.91%
所有者权益合计	77 260.78	71 517.37	8.03%

也越低。

一般来说，股东权益比率在50%左右最佳，在这个值域说明企业的财务结构越稳健。但任何东西都是有一定的限度，股东权益也是，并非越高越好，过高说明企业不善于利用资本扩大企业的经营规模，为企业赚取更多经济利益。

股东权益比率与资产负债比率，是从两个相反方向呈现企业的财务状况的。股东权益比率越大，资产负债比率就越小；资产负债比率大，股东权益比率就小。

专家点评

企业的权益比率过小，说明企业的经营中过度负债，容易削弱企业抵抗风险的能力，而股东权益比率过大，表示企业没有充分利用财务杠杆作用，为企业获取更大的经济效益和扩大经营规模。

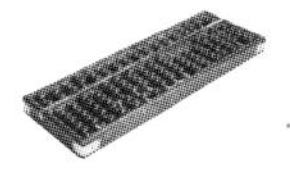

长期负债比率

关键词：长期负债　长期负债率

长期负债：是指偿还期限在一年或一年以上的债务。
长期负债比率：是指企业某一期间长期负债与资产总额之间的比率。

长期负债比率的计算

2018年末，北京××有限公司的资产总额为100万元，长期负债为20万元，计算该企业的长期负债率则为：

长期负债20万元/资产总额100万元×100%=20%

长期负债率适中

长期负债是企业需要1年或1年以上的期限偿还的债务。长期负债是相对于流动负债（也称短期负债）而言的，与流动负债相对，长期负债的金额较大并且偿还的期限较长。而长期负债的举债是需要一定的条件（如担保人或某项资产）作为担保，以保证债务人的经济利益。长期负债包括长期借款、长期应付款、公司债券等。

长期负债比率，又称“资本化比率”，是指企业长期负债与资产总额之间的比率。资产总额是指长期负债与股东权益之和。长期负债率是判断企业债务情况的一个指标，主要用于反映企业需要偿还的长期负债占总资本的比重，一般来说，该指标不超过20%为

长期负债比率的计算公式为：

长期负债比率 =（长期负债 / 资产总额）×100%

宜。长期负债比率越小，说明企业负债资本化的程度越低，偿还长期负债的能力越好；相反，长期负债比率越大，说明企业负债的资本化程度高，偿还长期债务的压力较大。

分析长期负债比率时需要注意两个方面，长期负债与流动负债相比，其比较稳定，因为是在将来的几个年度偿还，不会增加企业短期债务偿还的负担，不会造成企业短期资金的流动不足。企业可以用长期借款购入固定资产或者扩展经营规模。

资产负债表

北京××有限公司	2018年至2019年	单位：元
资产	2019年末	2018年末
流动资产：		
货币资金	80 010.84	58 541.68
应收票据	2 035.35	2 248.51
应收账款	29 200.98	29 648.39
预付款项	3 824.67	3 586.41
非流动资产合计	320 885.79	282 865.30
资产总计	487 005.21	423 253.44
非流动负债：		
长期借款	12 119.75	10 009.69
应付债券	5 215.01	3 936.12
长期应付款	994.02	799.05
专项应付款	104.72	92.85
预计负债	426.13	339.69
递延所得税负债	594.75	1 120.74
其他非流动负债	20 227.24	16 804.96
非流动负债合计	39 681.62	33 103.10
负债合计	409 744.43	351 736.07

长期负债与所有者权益相比，长期负债的稳定性不如所有者权益。因为长期负债需要有定期偿还和定期支付利息。企业长期负债比率高，则意味着股东权益比率低，说明企业的资本结构不稳固，会削弱企业抵抗外部风险的能力。

专家点评

长期负债按其筹措方式不同，可分为长期借款、应付债券、长期应付款和专项应付款等；按偿还和付息方式不同，又分为定期偿还的长期负债和分期偿还的长期负债。

如何优化财务结构

关键词：财务结构

财务结构：企业全部资产是如何筹资取得的，也就是企业全部资产的对应项目，是指资产负债全部项目的构成及它们之间的比例关系等。

经典示例

1996 年进入全球 500 强之列的香港百富勤公司，1998 年初因为无法偿还几千万美元的现金债务而被迫破产。其原因就是公司不顾自身条件通过负债经营盲目铺摊子，财务结构存在巨大的缺陷，当然在财务结构不稳健的条件下，规模再大也难逃被淘汰的命运。

完善的公司管理就是对公司资源的有效配置，让公司利益各个单元形成相互制衡的机制，并且实现各个要素的平衡和利润的最大化。这个过程中，权益资本的配置是企业财务结构控制的重点，不同的权益资本构成会造成不同的自我管理效率；债务资本的配置比例和债权人对偿还债务安全性的维护也会影响企业价值。

公司管理中财务优化应该从这四个方面入手。

第一，明确公司和国家、银行之间的关系。国家根据出资额拥有对企业的所有者权益，但是应该防止行政干预企业生产经营；商业银行必须以正确的身份处理与企业之间的关系，发挥信息优势和监督能力，来保障企业的财务安全。

第二，降低企业股份中的国有比重，促使国有股与法人股的流通，特别是对中小企业来说，尽量要保障创业者和经营者对公司的管理权力。

第三，确立健全有效的偿债保障机制。偿债保障机制分为事前保障和事后保障两部分，事前保障又包括自动履行机制、信用和配给机制，事后保障机制主要是法律基础支撑下的清查、核算、破产处理等。

第四，公司大力利用债券，扩大企业债券的发行规模，提高公司资本的流动性，提高公司债券在市场上的吸引力。目前，因为市场环境对上市公司的“软约束”，负债经营、筹资等都迫使企业承担更大的压力，致使企业分成两种倾向，一方面不敢融资，怕承担负债风险；另一方面则对负债没有节制，造成市场环境恶化。

财务结构优化

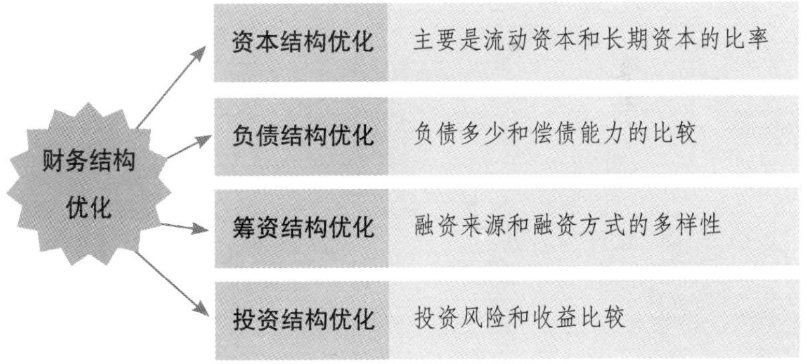

财务结构优化有存量优化和增量优化两种方式。

如何分析营运能力

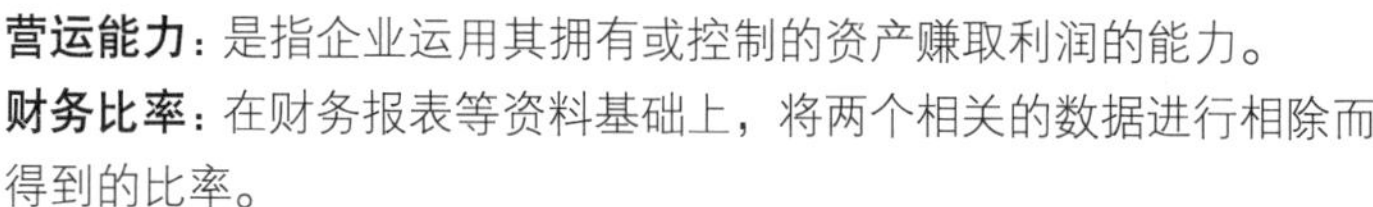

关键词：营运能力　财务比率

营运能力：是指企业运用其拥有或控制的资产赚取利润的能力。

财务比率：在财务报表等资料基础上，将两个相关的数据进行相除而得到的比率。

营运能力是指企业的经营运行能力，即企业运用各项资产以赚取利润的能力。企业营运能力的财务分析比率有：存货周转率、应收账款周转率、营业周期、流动资产周转率和总资产周转率等。

分析营运能力的目的

分析企业营运能力的目的主要有以下三个方面：其一，通过分析营运能力可以评价和了解企业的经营效率；其二，通过营运能力的分析，可以了解企业资产运营中存在的不足；其三，营运能力是盈利能力分析和偿还能力分析的补充。

这些比率揭示了企业资金运营周转的情况，反映了企业对经济资源管理、运用效率的高低。企业资金周转越快，流动性越高，企业的偿债能力越强，资产获取利润的速度就越快。

企业进行生产经营，从投入到产出整个过程，是需要一定的时间才能产生效益，即生产周期，才给企业带来收益。因此，资金投入运营的周期越短，资本的利用率就越高，而企业的收益也就越高。比如1元钱一定期限内周转一次可以增加2元钱，如果周

转两次，可以增加4元钱。这就是投资经营效率高低的区别。

企业的经营效率决定着企业的投资收益率。因此，老板和投资者都需注重企业的经营效率，投资者在进行投资选择时，首要看重的就是企业的经营效率，经营效率高，赚钱的概率就越高，那么投资的风险就越低。反之，经营效率低下的企业，通常收益也低。

反映经营效率的财务指标

总资产周转率	反映企业整体资产的运营效率
应收账款周转率	反映的企业应收账款的周转速度
存货周转率	反映企业产品的周转速度

老板在经营一个企业时，可以通过一些财务指标，分析企业的经营效率，以便了解企业的整体运营情况。一般来说，判断企业经营效率常用的财务指标有存货周转率、应收账款周转率、总资产周转率等。存货周转率反映的是企业产品的周转速度；应收账款周转率反映企业应收账款的周转速度；总资产周转率反映企业整体资产的运营效率。

专家点评

营运能力有广义和狭义之分：广义的营运能力是指企业利用其所有的要素所能发挥的营运作用；狭义的营运能力是指企业资产的营运效率，不直接体现人力资源的合理使用和有效利用。

存货周转率/天数

****

关键词：存货周转率　存货周转天数

存货周转率：是指企业一定时期内主营业务成本与平均存货余额的比率，用于反映存货的周转速度以及存货占用的资金是否合理。

存货周转天数：是指企业的存货从取得到销售这段过程所经历的天数。周转天数越少，说明存货变现的速度越快，企业被占用的资源就越少。

存货周转率是指企业在某一经营期间内，所持有的存货的流转速度。存货，即企业还没变现的资产，包括原材料、在产品、商品等。在企业的流动资产中，存货往往占较大的比例，因此，存货的流动速度直接影响企业资金的周转能力。

经典示例

存货周转率的计算

北京××有限公司，2019年初的存货为50万元,年末的存货为70万元，销售成本为180元，计算其存货周转率如下：

平均存货：(期初存货50万元＋期末存货70万元）/2 =60万元

存货周转率：销售成本180万元/60万元 ×100%=300%

表示存货周转率正常

存货周转天数：360天 / 存货周转率3=120天

存货周转天数

一般情况下，企业存货周转速度越快，表示企业的存货的流动性越强，资金回笼的速度越快，企业的变现能力越好，其经营效益也越好。而当企业存货堆

积过多时，则会影响企业资金的回笼，企业的资金会被大量占用，容易导致企业出现资金周转困难的局面。还会影响企业的偿债能力，在一定程度上给企业的经营带来不良的影响。判断一个企业的存货周转情况是否合理，可以通过计算存货的周转率。通过分析存货的周转率，老板或管理者可以发现企业存货管理中存在的不足，并及时进行调整，提高企业经营效率。

企业存货周转率越高表示企业的流动性越大，产品的销售能力越强。反之，存货周转率低，则说明公司产品滞销，产品的竞争力低下。

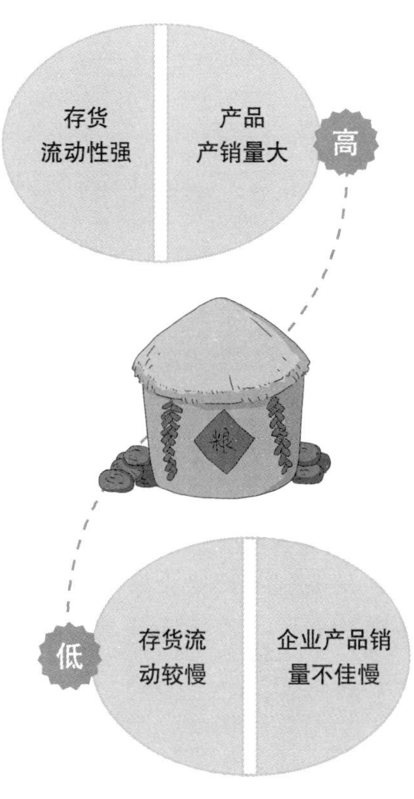

存货周转率 / 天数对于不同行业来说，其标准值也不同。因此，在分析一个企业的存货周转情况是否良好时，应将企业的数据与同类型企业进行比较。如果是在同行业的平均水平以上，则说明企业存货流动性较好；如低于同行业平均水平，则说明企业存货的流动性较差。

应收账款周转率

****

关键词：应收账款周转率　应收账款周转天数

应收账款周转率：是指企业在一定期间内，应收账款转化为现金的平均次数，反映企业应收账款回收的速度。

应收账款周转天数：是指用时间表示应收账款的回收的平均天数。

应收账款是企业采取赊销的方式销售自己的产品或提供劳务，但货款未收回，从而形成了企业的应收账款。应收账款对于企业管理而言，有着举足轻重的地位。如果应收账款收回的速度快，就能有效提高企业资金流转和使用效率。而应收账款回收慢或不及时的话，会给企业经营带来一定的阻碍和风险，如容易形成坏账或呆账，并且会影响企业资金流转和利用效率，占用企业的资金。

经典示例

应收账款的计算

北京××有限公司，2018年年初的应收账款为50万元，年末的应收账款为58万元，本期销售收入为250万元，计算该公司的应收账款周转率/天数如下：

平均应收账款为：（期初应收账款50万元+年末应收账款58万元）/2=54万元

应收账款周转率：销售收入250万元/平均应收账款54万=4.6

应收账款周转率较高

应收账款周转天数：360天/应收账款周转率4.6=78

78天周转一次

应收账款周转率，是反映企业应收账款周转的速度的比率，是

企业一定期间内应收账款转变为现金的平均次数。应收账款周转天数也称应收账款平均回收期，即是用时间来表示企业应收账款周转的平均天数，用于反映企业应收账款从形成到款项收回变现，这个过程所需要的时间。

资产负债表

编制单位：北京××有限公司　2019年12月31日　单位：元

资产	2019年末	2019年初
流动资产：		
货币资金	80 010.84	58 541.68
结算备付金	157.38	322.87
拆出资金	8 159.99	7 673.38
交易性金融资产	5 080.27	4 902.99
应收票据	2 035.35	2 248.51
应收账款	29 200.98	29 648.39
坏账准备	225.83	153.61
应收利息	1 418.17	1 164.45
其他应收款	2 105.18	2 089.24
买入返售金融资产	14 485.48	13 262.57
存货	17 464.04	15 191.70

一般来说，应收账款周转率标准值为3。应收账款周转率越高，表示企业应收账款回收越快，资金利用率越高；应收账款周转率越低，说明企业应收账款的回收速度越慢，企业资金过多地被应收账款占用，影响企业资金周转和偿还能力。应收账款周转天数，一般是越短越好，周转天数越短，说明资金收回越快，坏账、呆账的风险越小，流动资金利用效率就越高。

利润表

编制单位：北京××有限公司　2019年12月　单位：元

		春季度	夏季度
		金额	金额
4 110	营业收入总额	90 000	86 000
4 170	销售退货及折扣	8 000	6 000
4 100	销售收入净额	82 000	80 000
5 110	销售成本	39 000	42 000
5 910	销售毛利	43 000	38 000
	销售费用		

专家点评

在分析应收账款周转率时，有以下几种情况，运用该指标也无法真实地反映出企业实际经营情况：季节性经营企业主要以分期收款为结算方式；主要以现金结算为主的企业年末的销售量大幅度增加或大幅度下降等情况。

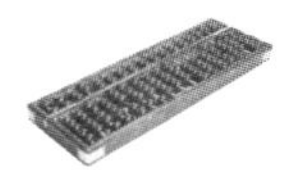

总资产周转率

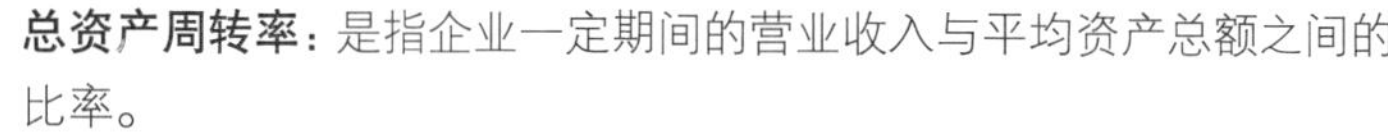

关键词：总资产周转率　总资产周转天数

总资产周转率：是指企业一定期间的营业收入与平均资产总额之间的比率。

总资产周转天数：是指用时间的方式表达企业总资产的周转速度。

经典示例

总资产周转率＝营业收入／总资产额

总资产周转天数：360天／总资产周转率（次数）

总资产周转率是指企业一定会计期间内销售收入与平均资产总额之间的比率，用于反映企业在一定经营期内全部资产从投入到产出的流转速度，是评价企业整体资产的运营能力的重要指标。总资产周转速度的快慢，直接影响着企业的赚钱速度，如果同样投入1块钱，在1年周转1次可以获得2元钱的收益；如果周围2次，则可以获得4元钱的收益。

因此，企业总资产周转率越高，表示其经营能力和运营效率越高，产品的产销量越高，企业获利能力也越强；总资产周转速度越慢，说明企业的经营状况越差，产品的竞争力越小，投资收益率越低。总资产周转率低，说明公司资金效用率低，没有充分利用其资产为企业获得更多收益。总资产周转天数，即用时间反映总资产周转的速度。总资产周转天数越低，说明企业的经营效率越高；反之，则说明企业资金周转效率越低下。

总资产周转率高低

高	低
资产利用效率高	资产利用效率低
资产收益率高	经营效率低下

一般来说流动资产周转率越高，总资产周转率也越高，这两个指标从不同的角度对公司资产的运营进行了评价。

损益表

编制单位：北京××有限公司　2019年12月　单位：元

		春季度	夏季度
		金额	金额
4 110	营业收入总额	90 000	86 000
4 170	销售退货及折扣	8 000	6 000
4 100	销售收入	82 000	80 000
5 110	销售成本	39 000	42 000
5 910	销售毛利	43 000	38 000
	销售费用		

资产负债表

编制单位：北京××有限公司　2019年12月31日　单位：元

流动资产：		
货币资金	80 010.84	58 541.68
应收票据	2 035.35	2 248.51
应收账款	29 200.98	29 648.39
预付款项	3 824.67	3 586.41
应收利息	1 418.17	1 164.45
其他应收款	2 105.18	2 089.24
买入返售金融资产	14 485.48	13 262.57
存货	17 464.04	15 191.70
一年内到期的非流动资产	41.66	44.99
其他流动资产	1 727.72	1 387.14
资产合计	166 119.42	140 388.14

专家点评

资产周转率和周转天数因企业所属行业的不同，其标准也有所不同。在分析该比率时，应将企业行业性质考虑进去，资产周转率低于同行平均水平，则表示企业的运营能力低下；反之，则表示企业经营效率高，企业资本流转速度快，企业的经营能力强。

综合财务分析方法

关键词：杜邦财务分析法

杜邦财务分析法：美国杜邦公司的经理创立并首先在杜邦公司成功应用的财务分析方法。

健全有效的财务综合指标体系必须具有以下特点：

1.评价指标要全面。设置的评价指标要尽可能涵盖偿债能力、营运能力和盈利能力等各方面的考核要求。

2.主辅指标功能要匹配。在分析中要做到：要明确企业分析指标的主辅地位；要能从不同侧面、不同层次反映企业财务状况，揭示企业经营业绩。

经典示例

亚历山大·沃尔在21世纪初出版的《信用晴雨表研究》和《财务报表比率分析》中提出了信用能力指数的概念，他选择了7个财务比率，即流动比率、产权比率、固定资产比率、存货周转率、应收账款周转率、固定资产周转率和自有资金周转率，分别给定各指标的比重，然后确定标准比率（以行业平均数为基础），将实际比率与标准比率相比，得出相对比率，将此相对比率与各指标比重相乘，得出总评分。

3.满足各方面经济需求。设置的指标评价体系既要能满足企业内部管理者决策的需要，也要能满足外部投资者和政府管理机构决策及实施宏观调控的要求。

所谓财务综合分析，就是将企业营运能力、偿债能力和盈利能力等方面的分析纳入一个有机的分析系统之中，全面地对企业财务状况、经营状况进行解剖和分析，从而对企业经济效益做出较为准确的评价与判断。

杜邦财务分析体系法方法首先由美国杜邦公司的经理创立并首先在杜邦公司成功运用，称为杜邦系统，它是利用财务指标间的内在联系，对企业综合经营理财能力及经济效益进行系统分析评价的方法。其基本思想是将企业净资产收益率逐级分解为多项财务比率乘积，这样有助于深入分析、比较企业经营业绩。

杜邦体系各主要指标之间的关系如下：

净资产收益率=主营业务净利率×总资产周转率×权益乘数

其中，主营业务净利率=净利润÷主营业务收入净额

总资产周转率=主营业务收入净额÷平均资产总额

权益乘数=资产总额÷所有者权益总额=1÷（1−资产负债率）

各种分析方法之间并不冲突，可以同时使用。

读懂财务附注和财产清查

财务报表是数据的集合体，然而一个企业的情况仅用数字是无法进行说明的，所以总体来说，报表如果没有附注则是不完整的。

而财产清查则是静态的财务报表——彻底盘点自己的所有财产，这也是一个合格的管理者必须定期完成的工作。通过会计清查，管理者才能真正实现有多少力气去做多少事。

财务报表附注的特征

****

关键词：财务报表附注

财务报表附注：财务报表附注是对财务报表的补充说明，主要是对未能在主表列示和说明的项目加以解释。

财务报表附注也称财务附注，是企业财务报告中重要的组成部分。它主要是对资产负债表、利润表、现金流量表和所有者权益变动表等主表的补充说明。

对于一些无法在主表上列示或说明的重要信息，可以通过财务报表附注进行补充解释。目的是让报表使用者更全面地了解企业的经营状况、现金流量变动等会计信息。

财务报表附注的主要特征表现在以下几个方面：分别是附属性、补充性、解释性、建设性等。

财务报表附注的附属性，是指财务报表与附注之间是相互依存的关系，两者之间也是一种从属关系，财务报表是主表，附注是附表。也就是说附注是建立在主表的基础上，没有财务报表，附注也没有存在的条件。而财务报表没有附注的补充说明，无法有效完整地发挥其功能和意义，也就是说财务报表和附注是相辅相成的。

财务报表附注的解释性，财务报表中的项目和数据是企业信息的整体反映，概括企业整体的经营情况，因此，很多信息只能比较简洁地呈现在报表上。但企业的经济业务是各种各样、非常复杂

的，而且在编制的时候使用的会计政策不同。因此，企业需要通过财务报表附注进行解释说明，包括解释说明财务报表的编制依据、编制基础、编制原则、编制方法及主要事项等。

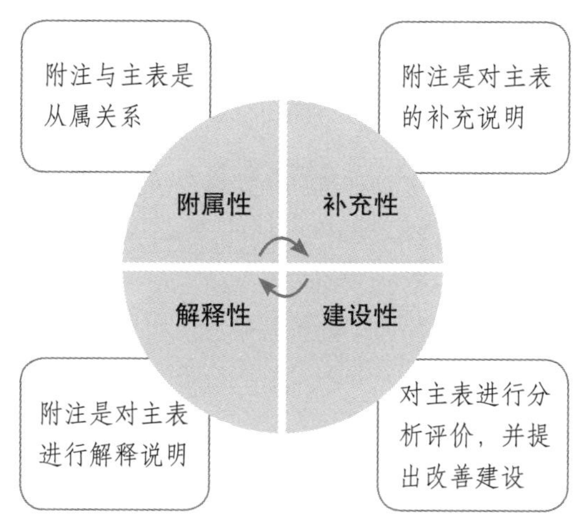

财务报表附注的补充性，财务报表附注是四大报表的拓展和延伸，财务报表必须符合会计要素的定义和要求，同时也要满足相关性和准确性。报表附注的文字说明和补充，可以弥补财务报表列示信息的不足，从而全面详细地反映企业的经营状况以及企业面临的风险与机会，保证企业信息的完整以便企业老板或投资者做出最佳的投资决策。

财务报表附注的建设性，是指财务报表附注除了对财务报表的内容进行解释和补充说明外，还要对财务报表进行分析和评价，并从中发现企业的优势与不足，提出改善企业经营管理的建议和措施，提高企业生产经营效率和企业竞争力。

专家点评

随着经济环境的日益复杂，人们对相关信息的要求日益提高，财务附注在会计报告中的地位越来越重要。因此，报表使用者在了解企业的经营情况时，也应全面阅读财务附注，以便更有效地进行投资决策。

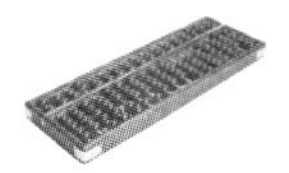

财务报表附注的重要性

关键词：财务报表的重要性

财务报表的重要性：其重要性主要体现在提高财务报表的相关性和可靠性、增强企业之间信息的可比性、与主表的互补性等方面。

经典示例

我国一所中等企业在进军国际市场时，在和外企合作、谈判中，对方要求提供财务报表。但是当国内企业将最近10年的财务报表和国税局交税证明等材料提供给外国企业的时候，人家告知“合作失败”。中方百思不得其解，最后才知道因为本公司报表的附注没有经过会计公司的确认——国税局都认可，然而外企不认可。

财务报表附注是财务报表的延伸，由于会计报表形式的限制，只能反映设置的大类项目，反映总体情况。数据背后的具体情况是无法在报表上呈现出来的，比如资产负债表中的应收账款项目只列示了年末的数额，而对于其构成或账龄等信息基本一概不知，于是在附注中往往需要披露应收账款的构成和账龄等信息，因为这些信息是报表使用者了解企业资产质量和信用度的重要途径，也是非常有必要的。

提高财务报表的相关性和可靠性。财务报表既要有相关性又要保证其可靠性，这是会计信息的两个基本质量要求。由于财务报表本身的局限性，往往很难保证两者兼顾。而财务报表附注可以在保证会计信息的可靠性的前提下，进一步提高会计信息的相关性。如或有事项，由于或有事项发生的不确定，不能直接在主表中进行确认，如等到完全可确认时，又可能失去了及时性。因此，这些信息可以在附注中进行披露，以完善会计信息的及时性和相关性。

增强企业之间信息的可比性。企业的会计信息的构成因素多种多样，如经济环境的不确定性，不同行业的经济业务具有不同特征，以及各企业本身不同时期的变化等特点会降低具有不同企业之间会计信息的可比性，财务报表附注可以披露企业的会计政策和经营方针等情况，从而向投资者传递相关信息，使投资者了解会计方法的实质。

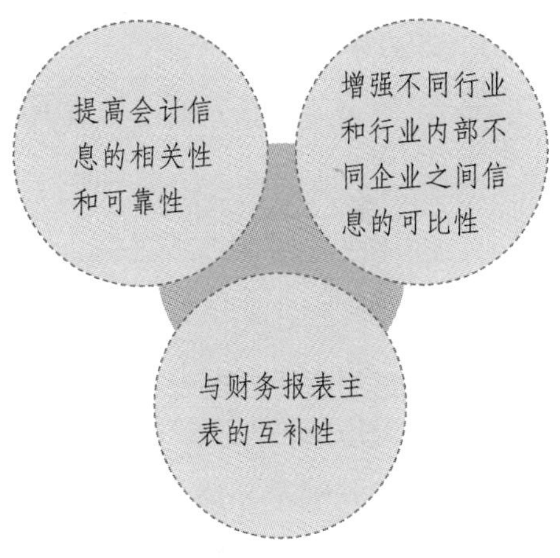

与财务报表主表的互补性。财务报表主表与附注的关系是互相依存、相互补充的。两者也存在着主次关系，财务报表是主，附注是次，附注是对主表的补充说明。没有主表，附注也就失去了其存在的依靠；而没有附注补充说明，主表也难以有效发挥其作用和功能。

专家点评

财务报表附注可以披露企业的会计政策和经营方针等情况，从而向投资者传递相关信息，使投资者了解会计方法的实质。

财务报表附注披露的内容

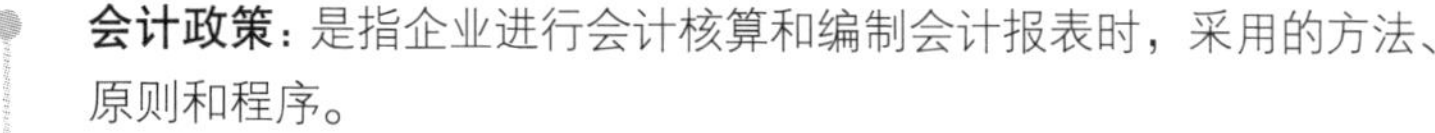

关键词：会计政策　重大信息

会计政策：是指企业进行会计核算和编制会计报表时，采用的方法、原则和程序。

重大信息：企业在经营过程中，可能对财务报表数据造成巨大变动影响的事件。

财务报表附注中，第一部分就是对报表反映阶段中的企业重大信息的披露。所谓的企业重大信息，就是企业在这段时间内所面临的复杂事项，如高层管理变动、不可抗拒因素影响、市场环境突然变化、预期外资金注入等。

经典示例

随着报表内容的日益复杂化，以文字辅之以数字来表述的会计报表附注的内容也将进一步增加以下信息：有助于理解财务报表的重要信息；采用与报表不同基础编制的信息；对可以反映在报表内，但基于有效交流的原因而披露在其他部分的信息；用于补充报表信息的统计资料。

一般而言，报表附注主要包括四方面的内容：

1.企业的一般情况，包括企业概况、经营范围和企业结构等内容，必要时，还可对诸如上市改组时资产的剥离情况进行说明，对报表编审技术进行说明。

2.企业的会计政策，包括企业执行的会计制度、会计期间、记账原则、计价基础、利润分配办法等内容，对于需要编制合并报表

财务报表附注披露四大类内容

企业的一般情况	包括企业概况、企业结构、经营范围等
企业的会计政策	包括企业会计制度、会计期间、记账原则、利润分配等
会计报表主要项目附注	包括对主表的主要项目进行补充说明
重要事项的揭示	包括或有事项、关联交易说明等

的企业来说，还要说明其合并报表的编制方法；对于会计政策与上年相比发生变化的企业，应说明其变更的情况、原因及对企业财务状况和经营成果的影响。

3.会计报表主要项目附注，包括对主要报表项目的详细说明，例如，对应收账款的账龄分析，报表项目的异常变化及其产生原因的说明等。

4.重要事项的揭示，主要包括对承诺事项、或有事项、资产负债表日后事项和关联方交易等内容的说明。

专家点评

我国《企业会计准则第 28 号——会计政策、会计估计变更和差错更正》规定，企业应当按规定披露会计政策和会计估计变更以及差错更正的有关情况。

会计报表附注

一、公司概况

有限公司（以下简称“公司”）于××年××月××日成立，公司注册资本金为人民币××万元，公司主要经营范围：××××，公司注册地址：北京市海淀区××路××号。

二、公司是独立核算企业，没有关联企业或单位，基本符合会计核算的条件

三、公司主要会计政策、会计估计

1. 会计制度：公司执行《企业会计制度》。

2. 会计年度：采用公历制，自每年1月1日起至12月31日止。

3. 记账本位币：以人民币为记账本位币。

4. 记账基础及计价原则：以权责发生制为记账基础，以历史成本为计价原则。

5. 现金等价物的确定标准：公司持有的期限短、流动性强、易于转换为已知金额现金，且价值变动很小的投资。

6. 坏账核算方法

（1）坏账确认标准

因债务人破产或死亡，以其破产或遗产清偿后仍然不能收回的款项；

因债务人逾期未履行偿债义务超过三年确实不能收回的款项。

（2）坏账计提标准

公司对坏账核算采用备抵法，按应收账款和其他应收款的期末余额的5%计提坏账准备，应收款项的账龄在三年以上的，或有确凿证据表明该款项不能收回，或收回的可能性不大，全额抵减坏账准备及列入财产损失处理。

7. 存货核算方法

原材料、包装物等存货购进和领用时按实际成本计价，低值易耗品采用五五摊销法核算，包装物和营业用具在领用时一次计入产品成本或费用，如由于存货遭受毁损、全部或部分陈旧过时低于成本等原因，使存货成本不可

收回的部分，列作财产损失处理。

8. 固定资产计价和折旧方法

（1）固定资产：使用年限在一年以上并且单位价值在2 000元以上的房屋建筑物、机器设备、电子设备和运输工具等，固定资产按历史成本或法定评估价值入账。

（2）固定资产折旧采用平均年限法，并考虑5%净残值，使用年限明细如下：

类　别	预计使用年限（年）	年折旧率（%）
房屋建筑物	20	4.75
机器设备	10	9.5
电脑设备	5	19

（3）固定资产处理

如果固定资产因技术陈旧、损坏、长期闲置等原因造成其转让时可收回金额低于账面价值，通过固定资产清理核算，清理固定资产所发生的损失列作财产损失处理。

9. 开办费处理

公司在筹办期间发生的开办费用，以5年期限按月摊销。

10. 递延资产和长期待摊费用处理：

公司对为经营需要投入的装修工程费用，以5年期限分月摊销。

11. 无形资产处理

土地按使用期限分月摊销，商标和商誉按10年期限分月摊销。

12. 在建工程核算方法

在建工程按实际发生的支出入账，按工程项目分别核算并在工程完工交付使用时按工程的实际成本结转固定资产，有借款进行的工程所发生的借款利息，在固定资产尚未交付使用前予以资本化，交付使用后计入当期损益。

13. 公司的对外投资、合并、分立、股权转让、利润分配和清算，均按照公司章程的有关条款处理。

四、公司在年度无资产转让、企业合并、分立和评估变更及其他重大事项发生

财务报表附注的形式

****

关键词：财务报表附注　尾注

财务报表附注：见“财务报表附注的特征”一节

尾注：位于文档的末尾，列出引文的出处、引文解释等补充性文字说明。

财务报表附注的形式灵活，如在计量方式上，可以采用货币和货物的方式结合运用。财务报表附注的意义主要是将无法在主表上列示和说明的信息通过附注反映。如除了以价格交易为基础计量，还可以增加公允价值进行补充披露。

在国际会计法则通行惯例上，经常使用财务报表附注形式进行附注说明。即在报表中对所有的异常行为标上序号，在报表结束后统一进行说明。

在实际工作中，常用的会计报表附注的编制形式主要有以下五种：

1.尾注说明。这种形式是财务报表附注的主要编制形式，通常适用于那些说明内容较多的企业，就是在报表以外，单独用一段文字说明企业的财务信息细节。

2.括号说明。这种形式较常用在为会计报表主体提供补充信息。它是将补充信息加入会计报表主体，这种补充方式比较明显、不易被忽视。但为了不让报表过于烦琐，一般补充的内容比较简

财务报表附注的形式

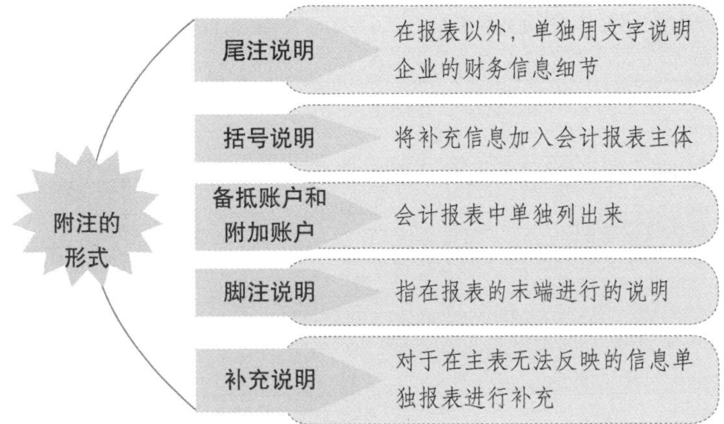

短，详细程度不足。

3.备抵账户和附加账户。即设立备抵账户与附加账户，在会计报表中单独列出来，这样可以为会计报表使用者提供更多的有意义的咨询。

4.脚注说明。是指在报表的每一页末端进行的说明，主要是对主表中的项目所采用的会计政策以及主表中无法说明的重要事项进行补充说明。

5.补充说明。对于一些无法在会计报表主体详细列示的数据以及分析资料等，可以通过单独的补充报表对这些信息进行补充说明。

财务报表附注的独立性很强，基本上可以独立地给出完整信息。

财务情况说明书

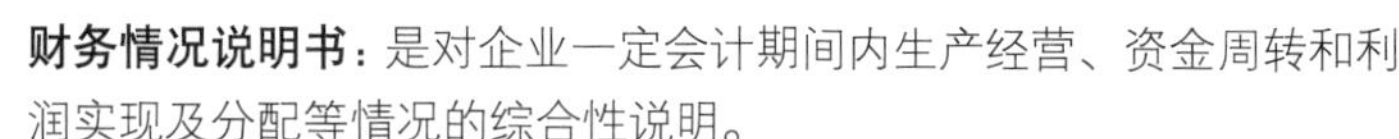

关键词：财务情况说明书

财务情况说明书：是对企业一定会计期间内生产经营、资金周转和利润实现及分配等情况的综合性说明。

经典示例

2003 年，我国的大部分企业的财务报表情况说明书上有如下几项内容：非典对支出的影响，宏观调控的影响，煤、电涨价对支出的影响，煤电运输增大和支出比较是否有盈利，加息对支出的影响等。

财务报表情况说明书是对企业一定会计期间内生产经营、资金周转和利润实现及分配等情况的综合性说明，是财务会计报告的重要组成部分。它全面提供企业和其他单位生产经营、财务活动情况，分析总结经营业绩和存在的不足，是财务会计报告使用者了解和考核有关单位生产经营和业务活动开展情况的重要资料。

企业会计制度规定，财务报表情况说明书至少应对下列情况做出说明：企业生产经营的基本情况；利润实现和分配情况；资金增减和周转情况；对企业财务状况、经营成果和现金流量有重大影响的其他事项。

在接受财务报表情况说明书后，就进入财务分析过程。常见的财务分析方法有定量、定性分析方法；绝对数、相对数比较；财务

比率分析方法；结构分析法。

财务报表情况说明书的编制

2019年度财务报表情况说明书

佛山市顺德区展熙物业代理有限公司，于2004年成立，公司主要经营范围：房地产中介信息咨询服务，现将2019年度公司的经营状况和财务情况作如下说明：

一、经营状况：

全年公司经营收入额为19 568.29元，其中：主营业务收入19 192元，银行利息收入376.29元。

二、费用开支情况：

营业费用开支78 658.63元，具体包括：工资、水电费、折旧费、营业用具物料损耗、装修设施和开办费摊销、社保福利、原材料运输费用、办公费用等。

- 报告分析目的
- 确定分析方案
- 收集整理分析资料
- 选择合理的分析方法

- 突出重点、兼顾一般
- 观点明确、抓住关键
- 注重实效、强调影响
- 报告清楚、文字简练
- 客观公正、强调真实

专家点评

一份完整的财务报表说明书包括企业生产经营基本情况，企业利润实现、分配及亏损情况，所有者权益变动情况，资金周转和收支情况四大内容。

××公司××年度财务情况说明书

一、企业生产经营的基本情况

（一）企业主营业务范围和附属其他业务，企业从业人员、职工数量和专业素质的情况（合并报表单位应说明纳入年度财务决算报表合并范围内企业从事业务的行业分布情况）。

（二）本年度生产经营情况

1. 主要产品的产量、业务营业量、销售量（出口额、进口额）及同比增减量；

2. 经营环境变化对企业生产销售（经营）的影响；

3. 营业范围的调整情况；

4. 新产品、新技术、新工艺开发及投入情况。

（三）对企业业务有影响的知识产权的有关情况。

（四）开发、在建项目的预期进度及工程竣工决算情况。

（五）经营中出现的问题与困难，以及需要披露的其他业务情况与事项等。

二、利润实现、分配及企业亏损情况

（一）主营业务收入变动情况

1. 主营业务收入同比增减额；

2. 主营业务收入增减影响因素，包括销售量、销售价格、销售结构变动和新产品销售，以及影响销售量的滞销产品种类、库存数量等。

（二）成本费用变动的主要因素

原材料费用、能源费用、工资性支出、借款利率调整对利润增减的影响。

（三）其他业务收入、支出的增减变化

若其他收入占主营业务收入10%（含10%）以上的，则应按类别披露有关数据。

（四）同比影响其他收益的主要事项

1. 投资收益，特别是长期投资损失的金额及原因；

2. 补贴收入各款项来源、金额，以及扣除补贴收入的利润情况；

3. 影响营业外收支的主要事项、金额。

（五）利润分配情况

（六）利润表中的项目，如两个期间的数据变动幅度达30%（含30%）以上，且占报告期利润总额10%（含10%）以上的，应明确说明原因。

（七）税赋调整对净利润的影响，包括有关税种和税率调整、享受各税优惠政策退税返还等数额（集团填报）。

（八）会计政策、会计估计变更对利润总额的影响数额

（执行财税〔2004〕153号文件的影响）

（九）亏损企业户数、亏损面、亏损总额及其同比增减额，按以下主要原因：企业改组改制、产品滞销、成本费用加大、管理不善等造成的亏损企业户数及亏损

额进行分析（集团填报）。

三、资金增减和周转情况

（一）各项资产所占比重

1. 各项资产所占比重；

2. 应收账款、其他应收款、存货、长期投资等变化是否正常，增减原因；

3. 长期投资占所有者权益的比率及同比增减情况、原因，购买和处置子公司及其他营业单位的情况。

（二）不良资产情况

1. 待处理财产损溢主要内容及其处理情况；

2. 潜亏挂账（含政策性原因挂账和其他历史潜亏挂账）内容及原因；

3. 按账龄分析三年以上的应收账款和其他应收款未收回原因及坏账处理办法；

4. 长期积压商品物资、不良长期投资等产生的原因及影响；

5. 不良资产比率。

（三）负债情况

1. 流动负债与长期负债的比重；

2. 长期借款、短期借款、应付账款、其他应付款同比增减金额及原因；

3. 企业偿还债务的能力和财务风险状况；

4. 三年以上的应付账款和其他应付款金额、主要债权人及未付原因；

5. 逾期借款本金和未还利息情况。

（四）企业债务重组事项及对本期损益的影响

（五）资产、负债、所有者权益项目中，如两个期间的数据变动幅度达30%（含30%）以上，且占报表日资产总额5%（含5%）以上的，应明确说明原因。

四、所有者权益（或股东权益）增减变动及国有资本保值增值情况

（一）会计处理追溯调整影响年初所有者权益（或股东权益）的变动情况，并应具体说明增减差额及原因。

（二）所有者权益（或股东权益）本年初与上年末因其他原因变动情况，并应具体说明增减差额及原因。

（三）国有权益客观增减情况及具体原因。

（四）企业国有资本保值增值的主要经营因素，以及资本公积转增实收资本的情况。

五、对企业财务状况、经营成果和现金流量有重大影响的其他事项。

六、针对本年度企业经营管理中存在的问题，新年度拟采取的改进管理和提高经营业绩的具体措施，以及业务发展计划。

××公司

××年××月××日

财务情况说明书编写步骤

****

关键词：财务情况说明书的编写

财务情况说明书的编写： 是指编写财务情况说明书，从收集整理数据到审查上报的整个流程。

对于小企业来说，财务情况说明书的编写一般由财务主管负责编写即可，但对于大中企业来说，由于其业务量大且复杂，则需要内部进行分工，一般可以采取以下方法和步骤进行：

经典示例

财务情况说明书的编写应达到以下几个基本要求：突出重点，观点明确，注重实效，客观公正，文字简练，清楚。

第一步，做好资料的收集、整理等准备工作。首先要收集和整理数据指标，如历史数据、同行数据、预算、计划数等。另外，应挑选企业重要的经济业务、重要事件，以便编写时采用。

第二步，编写分工合作。由于大企业的经济业务复杂，需要多人配合，按业务进行分工才能完成。为了避免内容相互矛盾，最后应统一汇总然后进行修正。编写时，可以先列一个大纲，这样有利于分工编写和有序进行。

第三步，共同商议。由于人们对问题的看法和角度的不同，会导致对数据等的看法相差甚远。因此，在财务报表初稿出来时，有

关人员（如财务主管、分析员、有关营销人员）应共同讨论，对财务状况和经营成果等进行评估。讨论结果一致后再进行编写。

第四步，审查上报。会计主管或财务负责人应将财务情况说明书向董事会汇报，经通过后才能对外报送。

财务情况说明书编写步骤

第一步、做好资料的收集、整理等准备工作

第二步、编写分工合作

第三步、共同商议

第四步、审查上报

对一些大型的公司来说，财务报表情况说明书，是它们未来一段时间内股票走势的重要依据，所以对专业要求更高。对大型涉外业务公司来说，选择由哪一家会计事务所的专业会计来撰写说明书很重要。

判断标准的内容包括：会计事务所的规模和成立年限；会计事务所经济纠纷事件的多少；会计事务所和当地法院、税务局等机关的“亲密程度”……总之，首选的会计事务所是当地政府公布的可以进行外汇结算申请的会计事务所。

专家点评

财务情况说明书是财务会计报告中重要的组成部分，因此，编写财务情况说明书要按照《会计法》的规定编制，其宗旨就是保证会计资料质量和真实可靠。

什么是财产清查

关键词：财产清查

财产清查：是指对各项财产、物资进行实地盘点和核对，查明财产物资、货币资金和结算款项的实有数额。

会计核算：以货币为主要计量尺度，对会计主体的资金运动进行的反映，也称为会计反映。

财产清查是指对企业各种财产物资、往来款项进行盘点和核对，查明财产物资和往来款项的实存数额，检查实存数与账结数是否相符，做到账实相符的一种会计方法。财产清查是会计核算和会计监督内容之一，有助于充分发挥会计的监督作用和加强企业管理。

经典示例

在企业日常工作中，在考虑成本、效益的前提下，可选择范围大小适宜、时机恰当的财产清查。也就是说，可按照财产清查实施的范围、时间间隔等把财产清查适当地进行分类。

财产清查的作用主要表现在以下几个方面：

1.核实企业各种财产物资、债权债务的实际数，或者发现和查明账面数与实存数不符的原因，以便及时发现差异和调整账面记录与实存数的差异，做到账存数与实存数相符。

2.检查企业各种财产物资的库存和使用情况，以实现可利用空间，以便充分发挥各种财产物资的效用。

3.检查企业各种财产物资有无浪费、毁损，或被挪用等情况，

及时发现问题，以便采取应对措施。

4.检查企业各种往来款项的结算是否正常等，以便了解企业债权债务的结算是否按时，避免应收款项过久未收回，导致坏账损失的发生。

财产清查的作用

- 核实企业财产物资、往来款项的实存数
- 检查企业各种财产物资的库存和使用情况
- 检查企业各种财产物资有无浪费、毁损、挪用等情况
- 检查企业各种往来款项的结算是否正常等

清查银行存款时，有时候企业和开户银行双方的记账都没有错误，但还是有可能出现银行存款日记账的余额和银行对账单的余额不一致，这是由于双方存在未达账项的原因。未达账项有四种情况：（1）企业已收款，银行未收款。（2）企业已付款，银行未付款。（3）银行已收款，企业未收款。（4）银行已付款，企业未付款。这时只需编制余额调节表调节双方的余额即可。

专家点评

最常见的会计清查方法是永续盘存法。

财产清查的分类

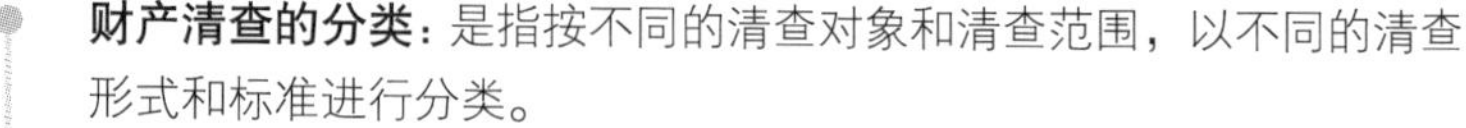

关键词：财产清查的分类　不定期清查

财产清查的分类：是指按不同的清查对象和清查范围，以不同的清查形式和标准进行分类。

不定期清查：事先不确定方式和时间，为了需要临时进行的清查，具有突然性。

财产清查的分类按不同的分类和标准而进行。按被清查的对象的范围大小，可分为全面清查和局部清查。按清查时间的不同，可分为定期清查和不定期清查。企业可以根据需要或实际情况，选择不同财产清查方法。

什么时候需要进行局部清查？

一般来说，企业的库存现金应日清月结；银行存款和银行借款，每月至少应与银行核对对账单一次；原材料、在产品和库存商品除了年末清查外，应每月重点抽查；债权债务每年至少核对 1 ~ 2 次，以便发现问题及时解决。

全面清查是对企业内部的全部财产物资和往来款项等进行全面盘点和清查。由于全面清查所涉及的范围较广，需要投入较多的人力物力，工程较大，一般只用于年终结算前的清查；当企业破产、合并、清产或主要负责人调离工作岗位等情况发生时，为了确定物资的数量以及明确经济责任，也需要进行全面清查。

局部清查是企业根据实际需要，对部分财产物资和往来款项

等进行的盘点和清查。主要对象是流量性较强的财产，如库存现金、库存商品和原材料等。

定期清查是根据预先计划的时间对企业的财产物资进行的清查。定期清查可以是全面清查也可以是局部清查，其清查形式不固定。主要是检查和及时发现账面记录与实际存数的差异，以便及时更正误差，保证会计信息的真实与完整。

不定期清查也称临时清查，是根据实际工作的需要，对财产物资进行的临时性清查。不定期清查可以是全面清查，也可以是局部清查。

选择什么样的清查方式与企业所属行业和企业本身规模有关：大规模企业适合进行定期清查；而小规模企业则是在发现财务数据异常后不定期清查；工业企业适合进行局部清查，因为其停人不停工的特点，只能有计划地逐个部门进行清查；而信息服务企业则适合进行全面清查，因为其信息流动量大，如果局部清查，基本上查不出任何问题。

专家点评

企业进行财产定期清查，通常是在每个会计年度、季度或月末结账时，进行财产定期清查。

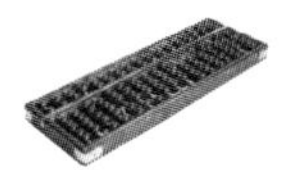

财产清查的主要方法

****

关键词：财务清查方法　实地盘点法　技术推算盘点法

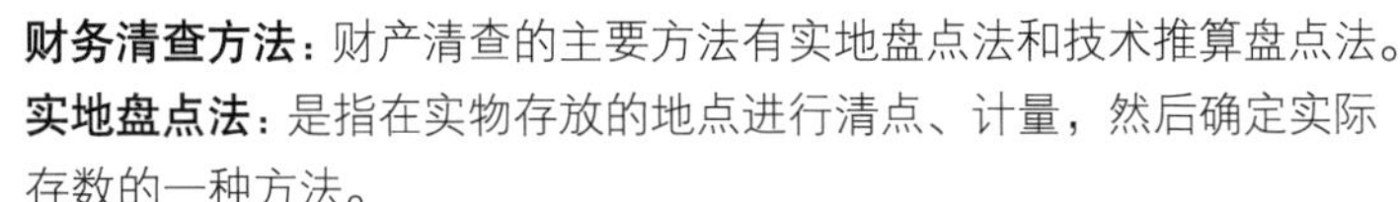

财务清查方法：财产清查的主要方法有实地盘点法和技术推算盘点法。

实地盘点法：是指在实物存放的地点进行清点、计量，然后确定实际存数的一种方法。

技术推算盘点法：是指借助一些方法和技术，推算企业财产物资的实存数量。

财产清查的目的是要做到账实。企业在进行财产清查时，由于清查的对象和实物形态的不同，清查方法也不同。一般常用的清查方法有两种，即实地盘点法和技术推算法。

经典示例

财产清查，按其清查的对象不同，可分为实物资产清查、货币资产清查以及往来款项清查三种形式。

实地盘点法，是指在实物存放的地点进行清点、计量，然后确定实际存数的一种方法。这种方法的适用范围较广，工作量比较大，而清查的数字也要求准确。

技术推算盘点法，是指借助一些方法和技术，推算企业财产物资的实存数量的方法。如量方、计尺等工具计量实存物的数量和重量。这种方法一般难以逐一清点，特别是数量巨大的财产物资的清查。

财产清查的过程中，在对财产物资进行盘点时，为了明确经济责任，有关的财产物资负责人需在场。然后将盘点的结果如实登记在盘存单上，还需盘点人员和财产物资负责人签章。盘存单，是指盘点财产物资时填制实存数的书面证明，属于财产清查工作的原始凭证。然后根据盘点结果的数据与企业账面的数据进行核对，如果实存数与账存数相符，表示账实相符。如果账实不符，出现盘盈或盘亏时，则应填制企业实存数与账存数的对比表，计算其中差异。实存账存对比表也是财产清查的重要报表，是分析盘盈、盘亏的依据，也是明确经济责任的重要依据。

财产清查的方法

- 账面清查
  - 永续盘存
  - 实地盘存
- 物资清查
  - 实地盘点法
  - 技术推算盘点法
- 货币资金清查
  - 现金
  - 银行账面
  - 存款

和财产清查不同，账面清查主要用的是永续盘存方法和实地盘存方法。

现金清查后，要根据实际情形编制现金盘点表。

专家点评

财产清查的结果一般有三种情况：盘盈，即实际存数大于账面结存数；盘亏，即实际存数小于账面数；账实相符，即实际存数等于账面数。

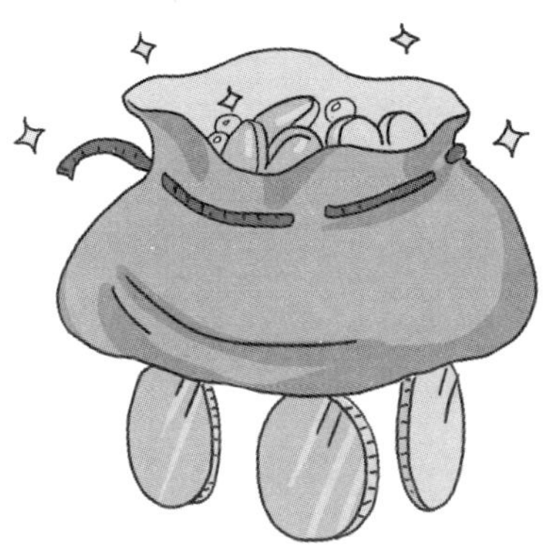

财务报表的真实性鉴定

对于报表使用者，财务报表是了解企业财务状况最重要的渠道。报表应该真实、客观、公正地反映企业的财务状况和经营状况。然而，在实际生活中，企业编制虚假报表、提供假信息的现象仍然存在，危害十分巨大。本章通过分析财务报表的舞弊方法、舞弊手段，教会读者如何识别不实的财务报表，减少虚假财务报表的危害。

财务报表舞弊方法

关键词：虚假财务报表

虚假财务报表：是指不以真实财务数据为基础，擅自编制虚构一些财料或数据编制的财务报告。

经典示例

人为编造会计报表数据主要是指通过虚增、虚减利润；虚增、虚减费用等方式以达到谋取企业私利的目的。

财务报表是企业经营成果和财务状况的概述，它可以全面地反映出企业真实的经营情况、获利能力、偿还能力等重要信息。这些信息无论是对企业老板、投资者、债权人、政府机构还是对其他报表使用者都起着非常重要的作用。财务报表是老板做经营决策的主要参考信息之一，是投资者进行投资决策的主要依据，是债权人进行债务投资的决策前提，也是税务机关或其他有关部门检查和监督企业经营情况的依据。由此可看出财务报表的重要性。

我国会计法规和其他相关法律明确规定，财务报表应做到数字真实、计算准确、内容完整、报送及时。目的是保证财务报表的信息是真实可靠的，避免出现误导经济投资和决策的行为。也就是说，财务报表必须如实记录企业的经济信息，才能发挥财务报表的作用和意义。但是，一些企业出于私利，编造虚假的财务报告并对

外报送，以达到骗取投资者的投资款或达到偷税、少缴税等目的。这种行为不仅违反了我国有关法律规定的财务报表必须如实地反映企业经营成果和财务状况的要求，还侵害报表使用者的经济利益，也严重破坏了经济市场的秩序。我们可以通过一些方法识别财务报表的虚实，以维护自身的合法利益和促进市场经济秩序正常运转。

一般来说，常见的虚假财务报告形式主要有两种：一种是人为编造报表数据；另一种是利用项目调整财务报表，使企业报表出现盈利。

虚假财务报表类别

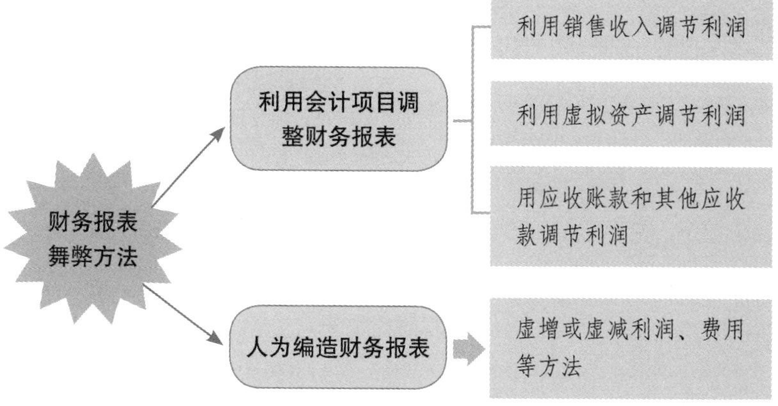

财务报表审计能发现两种舞弊方式：其一是侵占资产，即企业的管理人员或员工等非法占用企业的资产；其二是对财务信息做出虚假报告，即企业通过操纵利润，制造虚假的财务报表信息误导报表使用者对企业经营业绩的判断。

人为地编造财务报表

关键词：虚增利润　虚减费用

虚增利润：是指企业通过多反映经营成果，不按财务制度要求进行核算以增加利润的行为。

虚减费用：是指企业在特定的条件下，为了少反映经营成果，不按照财务制度规定的要求人为减少费用的行为。

经典示例

利用预提、待摊费用调高利润的舞弊手段。

某企业年末结账时，本年度利润为负1万元，为了提高企业账面上的利润，企业故意将本年度应计提的固定资产折旧费10万元暂不列入本年费用中，因此，企业本年利润由原来亏损1万元，变成了盈利9万元。

人为地编造财务报表主要是通过虚增或虚减利润、费用，利用预提、待摊费用调高利润等手段编造对企业有利的数据对外报送，以使企业财务呈现盈利或高利润的目的。这种做法通常是为了满足报表的报送对象的需求。但漏洞往往比较明显，容易出现账本与报表的内容或数据不相符，或是报表不平，或是报表与报表之间的数据前后不对等诸多问题。

对于上市公司来说，虚增利润可以制造出企业经营业绩良好的虚假现象，以吸引投资者对企业进行投资和抬高公司股价等目的，以此为公司获取更多的收益。即使一般的企业，也会通过虚增利润的方法从表象上达到公司经营业绩良好的目的，以便为公司获得银行贷款或其他筹资活动的有利前提。

如企业为了增加利润，故意虚减费用以达到利润增加的目的，一般通过少提或不计提折旧，或是将已发生的费用或损失暂不入账，以及不计提或少计提资产减值准备等方法，虚增企业当期的利润总额。

利用预提、待摊费用调高利润，一般是在企业发生亏损或是经济效益不好时，通过将本期应摊销的费用不摊销或少摊销，或是将本期应预提的费用不提或少提等方法，人为地调高企业当期的利润等。

上市公司粉饰报表的典型手段

传统手段	支出造假	虚构交易增加收入	超常规分配利润	财务漏报	期间费用资本化
现代手段	股权置换调节利润	营业外收入“增加”利润	违规计提粉饰利润	不良资产不予剔除	高估资产低估负载

专家点评

对于企业的各种预提、待摊等跨期间费用的真实性审查，主要有两种方法：一是采用审阅法，将企业的待摊、预提费用的发生情况进行查阅；二是通过核对法和查询法，检查企业跨期费用的摊销和计提是否按责权发生制原则进行。

利用销售收入调整利润的舞弊手段

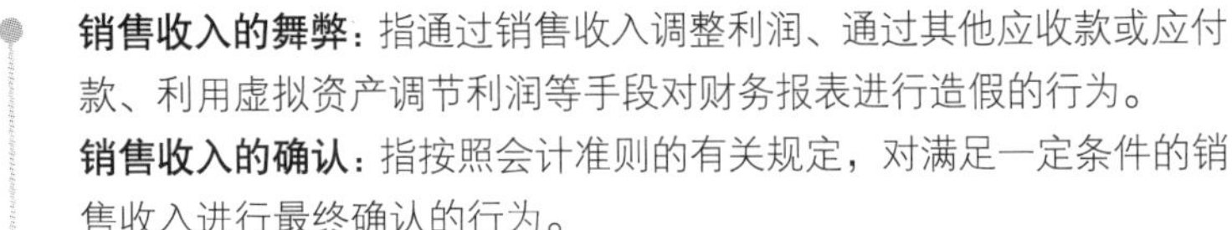

关键词：销售收入的舞弊　销售收入的确认

销售收入的舞弊： 指通过销售收入调整利润、通过其他应收款或应付款、利用虚拟资产调节利润等手段对财务报表进行造假的行为。

销售收入的确认： 指按照会计准则的有关规定，对满足一定条件的销售收入进行最终确认的行为。

经典示例

销售收入的确认条件

我国会计制度规定的收入确定方式有三种，分别是销售行为完成，不论是否收到货款都算实现销售；按生产进度确认；按合同约定确认，这种方式主要采用分期付款销售方式。

在实际中，利用会计项目调整报表，相对于人为编造财务报表来说，是一种更为隐蔽而且不容易被发现的财务报表造假方法，也是较为常见的一种舞弊手段。常见的利用会计项目调整虚假财务报表的舞弊方法，主要有通过销售收入调整利润、通过其他应收款和其他应付款项目调节利润以及利用虚拟资产调节利润等手段。

销售收入的确认：企业销售商品时，应按会计准则的有关规定确认销售收入，即需要同时满足一定条件才能确认为销售收入，如果不能同时满足规定的条件，则不能确认为收入。

利用销售收入调节利润主要是指制造虚假的销售行为，从而使企业账面上的利润的收入增加。一般是通过与有业务往来的企业对开发票的方法，增加销售的形成和利润，或者是通过调整销售确认

销售收入的确认和舞弊手段

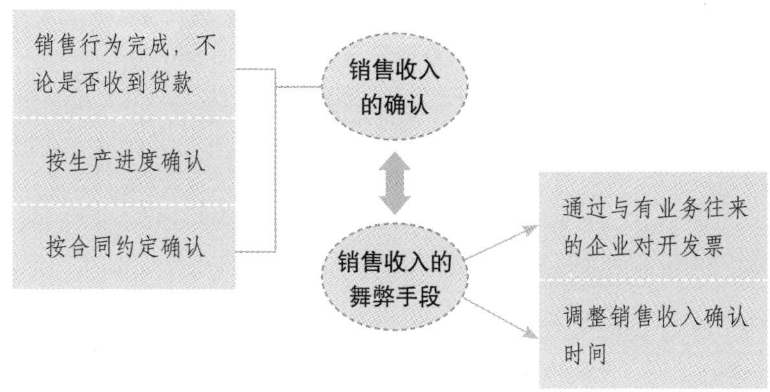

的时间，从中进行利润操控。调整销售收入确认时间是指，将本期实现的销售收入延迟到下期入账，或者相反，把下期的销售收入提前计入当期，从而调整利润的实现情况，表面上增加了企业销售行为、提高销售业绩，或为达到避税的目的。

财务报表是一个环环相扣的系统，如果出现虚构的交易事实，在销售收入上作假，必然就会出现某个数据异常；如果和历史数据相比，有某个数据大幅度提高，那么也得留点神，很有可能就是虚假财务报表。

专家点评

任何一项数据在报表中显得突出，其真实性都值得商榷。

利用虚拟资产调整利润

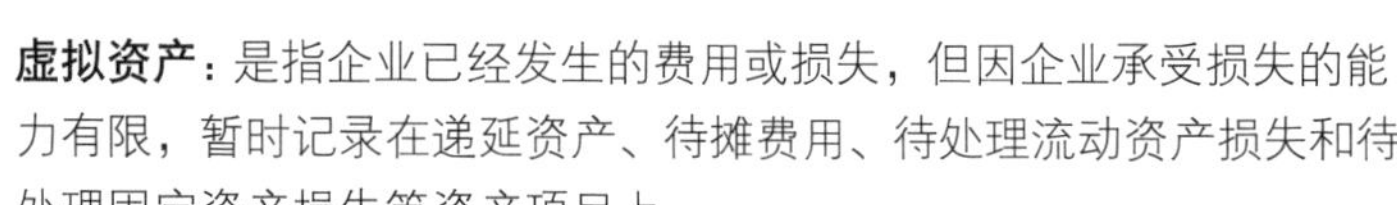

关键词：虚拟资产

虚拟资产：是指企业已经发生的费用或损失，但因企业承受损失的能力有限，暂时记录在递延资产、待摊费用、待处理流动资产损失和待处理固定资产损失等资产项目上。

虚拟资产是企业特殊的资产组成部分，是企业已经发生的费用或损失。但因企业承受损失的能力有限，暂时记录在递延资产、待摊费用、待处理流动资产损失和待处理固定资产损失等资产项目上。

经典示例

利用虚拟资产调节利润

2019年，北京××有限公司年末的利润总额为-50万元，当年公司对外投资损失了100万元，由于年终没有确认投资损失100万元，导致该年度的利润由亏损50万转为盈利了50万，从表象上实现企业盈利。

利润总额-50万元-未确认损失100万元=净利润50万元

通过延迟确认损失，企业表面利润由亏转盈

企业的资产是指预测能够给企业带来经济利益的资源。也就是说，如果不能给企业带来经济利益的资产，则不能确认为资产。因此，从本质上说，虚拟资产并不能算是企业的资产，因为它预期不能给企业带来经济利益，而是企业已经发生的费用或损失，按照权责发生制的费用配比的要求，暂时作为资产进行核算，从而就衍生了虚拟资产这一概念。

企业利用虚拟资产调节利润，主要是指由于损失或费用过大，超出了企业当期所能承受的范围，因此通过将费用和损失暂不确认为本期的支出，延迟费用和损失的发生，从而达到调节利润的目的。通常是将损失或费用挂在递延资产、待处理流动资产损失和待处理固定资产损失等资产项目上待日后处理。通过延迟确认损失或少摊销损失的会计手段，来减少企业当期的费用和损失，从而使利润显示更多。

虚拟资产构成

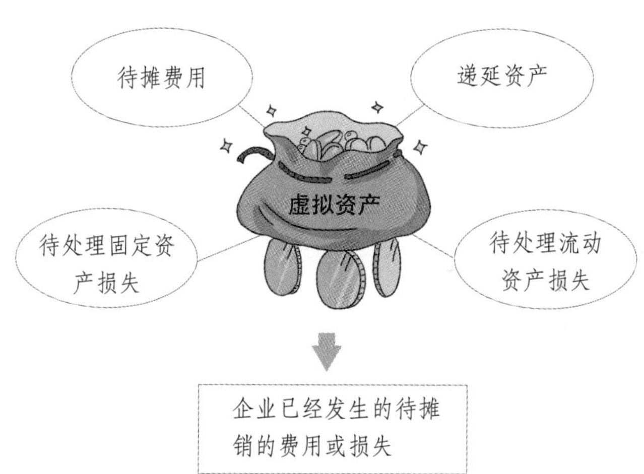

专家点评

对采用虚拟资产虚增利润作假的识别方法，是对各类虚拟资产项目的明细账重点进行检查，以及对企业会计报表附注中，关于虚拟资产确认和摊销的会计政策，对于本年度增加较大和没有正常摊销的项目，应特别留意。

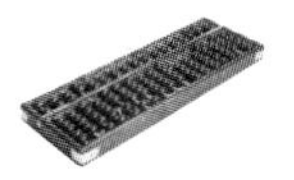

结算账户的舞弊手段

关键词：结算账户　虚列收入

结算账户：是指企业与其他单位或个人发生的业务往来、资金结算的账户，如应收账款、预付账款、其他应收款等。

虚列收入：本来没有发生或者已经取消的交易依然计入销售收入，其不足部分计入退货的财报科目处理。

结算账户是指企业与其他企业或个人之间，用于资金结算的往来账户。主要是反映和监督企业与其他企业或个人之间的资金往来和业务结算情况。结算账户主要有应收账款、应付账款、其他应收款、其他应付款等。

经典示例

企业应收账款长期挂账的一般有两种情况：一种是应收账款收不回来，即有一些企业为了长期占用这笔货款，一直拖延不支付给收款企业，使得企业应收账款长期挂账；另一种是虚假的应收账款，即利用往来款项虚列销售，而将虚假收入挂账应收账款，造成应收账款长期挂账的局面。

利用结算账户舞弊的手段主要是通过应收账款和其他应收款等账户进行。应收账款是企业因销售产品或提供劳务而应向购买方收取的货款。其他应收款是用于反映除应收账款、预付账款、应付账款、预收账款以外的其他应收款项。一般情况下，其他应收款账户的余额不应过大。

一些上市公司为了做高财务报表的利润，通常会采用虚列收入和应收账款的手段调整企业当期利润，以达到给报表使用者呈现

常见结算账户舞弊科目

资产负债表

制表单位：北京××有限公司　2019年12月31日　单位：元

资产	2019年末	2019年初
流动资产：		
货币资金	80 010.84	58 541.68
结算备付金	157.38	322.87
拆出资金	8 159.99	7 673.38
交易性金融资产	5 080.27	4 902.99
应收票据	2 035.35	2 248.51
应收账款	29 200.98	29 648.39
预付款项	3 824.67	3 586.41
应收保费	132.57	130.53
应收分保账款	49.29	39.68
应收分保合同准备金	225.83	153.61
应收利息	1 418.17	1 164.45
其他应收款	2 105.18	2 089.24
买入返售金融资产	14 485.48	13 262.57
存货	17 464.04	15 191.70
一年内到期的非流动资产	41.66	44.99
其他流动资产	1 727.72	1 387.14
流动资产合计	166 119.42	140 388.14

出经营业绩良好的现象。如通过与关联企业进行赊销交易、制造虚假的销售行为，并挂账应收账款，从而使企业的销售业绩提高。等到下一个会计年，再将这些账冲掉。这种手段往往会使企业的应收账款量过大，而且虚假销售并不会产生现金流，只会通过资产负债表和利润表列示出来。因此，如果企业的应收账款过大，以及利润表出现利润大幅增长，但却没有相应的现金流入企业时，或者其他应收款的余额大大高于应收账款，这时候则需要注意，企业可能是通过虚列销售收入操纵利润。

专家点评

一些皮包公司或者诈骗集团，它们最喜欢用的舞弊手段就是在结算账户上利用时间差作假。

如何识别虚假财务报表

关键词：虚假财务报表

虚假财务报表：是指不按照会计制度规定的真实、合法的会计资料为基础，而是擅自虚构会计资料、会计数据以达到某种利己目的，而编制财务会计报表的行为。

财务报表是企业经济状况的反映，是投资者、债权人了解企业最直接有效的方法。企业的财务状况、经营成果以及获得能力等信息都可以通过财务报表传递给报表使用者。它是企业考核企业管理者管理业绩的依据，是投资者、债权人进行投资决策的重要参考资料，是其他报表使用者了解企业经营信息的主要渠道。由此可见，财务报表之重要。财务报表发挥其作用和意义的前提是，报表必须真实、可靠地反映企业的经营成果和财务状况等信息。报表一旦失真，就失去了其作为财务报表的价值和意义。

经典示例

虚假报表带来的危机

英国著名的“南海泡沫事件”是历史上第一次世界证券泡沫事件，它与密西西比泡沫事件和荷兰郁金香泡沫，并列为欧洲早期的三大经济泡沫。该事件发生在18世纪20年代，英国“南海公司”的破产，让当时的英国政府和人们意识到虚假财务报告后果和危害。于是英国政府颁布了《泡沫公司取缔法》，禁止设立股份公司，以保护资本市场和股东、债权人的利益不受侵害。

虚假财务报表的识别方法

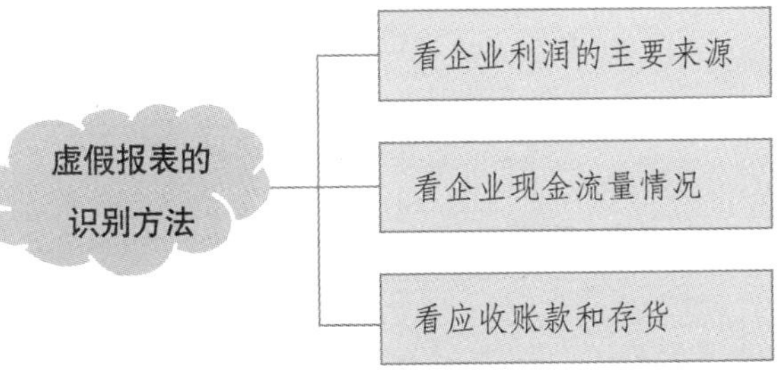

但是，随着经济不断地发展，虚假财务报表的现象越来越多，各种财务报表舞弊手段也层出不穷。这种现象不论是对投资者的利益还对整个经济市场的秩序都带来了严重破坏，严重违背了我国《会计法》等相关法律的规定。如何识别虚假的财务报表是报表使用者面临的一项重要问题。虚假财务报表是指不按照会计制度规定的真实、合法的会计资料为基础，而是擅自虚构会计资料、会计数据以达到某种利己目的，编制财务会计报表的行为。

虚假的财务报表在其编制过程中，有人为的粉饰行为，所以或多或少都会留下一些显而易见的或者隐蔽的漏洞。但不管怎么样，都是有迹可循的。可以通过一些方法和技术去识别这些虚假行为。比如，可以通过分析企业的现金流量、利润来源情况以及应收账款和存货等方法，对财务报表的真实性进行鉴别。

专家点评

虽然颁布了《国际会计准则》，但是各国具体规定不同，所以跨国公司如果有意识舞弊的话，若不经过专门调查就很难找到漏洞。

看企业利润的主要来源

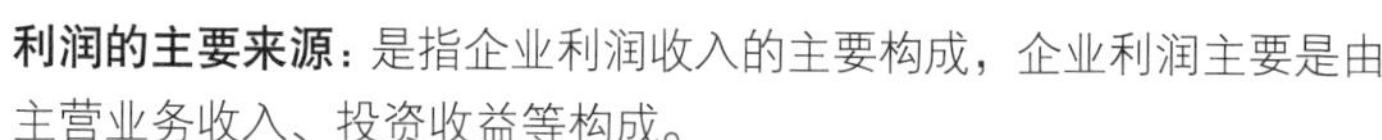

关键词：利润的主要来源

利润的主要来源：是指企业利润收入的主要构成，企业利润主要是由主营业务收入、投资收益等构成。

经典示例

合理的利润来源构成

2019 年 10 月，北京 ×× 有限公司的利润总额为 100 000 元，其中营业利润为 70 000 元，占利润总额 70%；投资收益为 20 000 元，占利润总额 20%；营业外收入为 10 000 元，占利润总额 10%。

企业的利润来源是由多方面构成的，利润表上的反映项目主要有主营业务收入、其他业务收入、投资收益、营业外收入和补贴收入等。正常情况下，企业的利润构成，大部分是来自主营利润收入。主营业务是企业经营的主业，也是企业维持生存的根本，所以应当占利润收入的大部分份额。而其他业务收入、投资收益等的利润收入只占少部分的份额，甚至有些项目也可能没有。

分析利润的来源主要是看企业某一时期的利润来源结构情况。如果出现主营业务利润以外的利润来源项目，出现占大额的利润比例等异常情况，可能是企业为了在市场上进行筹集资金等融资活动而编造的假数据。还可以通过与前几期的利润表进行比较分析，看企业各个时期的利润收入是否均衡。如企业当期的报表显示企业

利润来源构成图

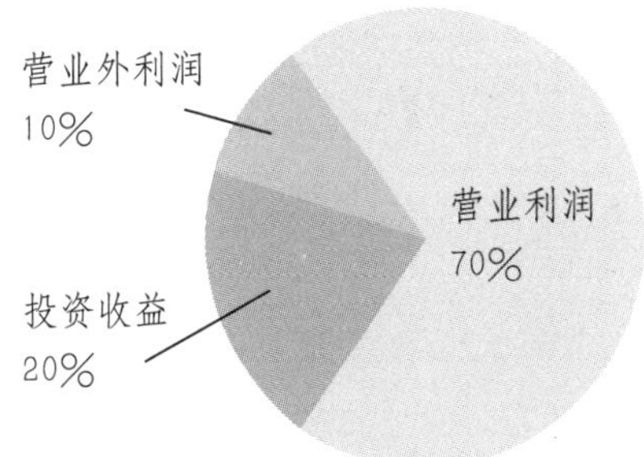

盈利收入较高，而前几期的盈利却很低；或前期的利润很高，本期突然利润大跌，这些都属于不正常报表。

利　润　表

编制公司：北京××有限公司　　2019年11月　　单位：元

项　目	行次	本月发生额	本年累计数
一、主营业务收入	1	6 717 192.00	50 062 505.98
减：主营业务成本	4	3 358 596.00	27 294 646.24
主营业务税金及附加	5	486 996.42	3 538 828.56
二、主营业务利润（亏损以“–”填列）	10	2 871 599.58	19 229 031.18
加：其他业务利润（亏损以“–”填列）	11		–
减：营业费用	14	33 585.96	563 104.21
管理费用	15	346 174.10	2 146 682.36
财务费用	16	148 412.07	1 845 632.50
三、营业利润（亏损以“–”填列）	18	2 343 427.45	14 673 612.10
加：投资收益（损失以“–”填列）	19		–
补贴收入	22		–
营业外收入	23		3 500.00
减：营业外支出	25		44 266.11
加：以前年度损益调整	26		–
四、利润总额（亏损以“–”填列）	27	2 343 427.45	14 632 845.99
减：所得税	28	201 515.76	1 126 565.53
五、净利润（净亏损以“–”填列）	30	2 141 911.69	13 506 280.47

专家点评

由上图可看出，该企业的利润来源主要是营业收入，投资收益和营业外收入占总利润的比例合理。这说明利润构成比较合理，对外投资收益率也比较高，企业经营状况良好。

看企业的现金流量情况

关键词：现金净流量　现金流量结构

现金净流量：是指企业某一时期的现金净流入与现金净流出之间的差额。

现金流量结构：企业某个时间点的现金流量中，投资活动、筹资活动和经营活动带来的现金流量比率。

现金流量是企业某一经营时期内经营活动的现金流量、投资活动的现金流量、筹资活动的现金流入与流出以及净现金流的数量。现金净流量是正数，则为净流入；如果是负数，则是净流出。它是反映企业资金的来源与去处以及企业的财务状况。正常情况下，一个企业的现金流量中，经营活动构成的现金流量应占净现金流量的主要部分，其次是投资活动和筹资活动。但由于不同类型的企业其产业结构的不同，投资活动和筹资活动的现金流量比例，会因企业的投资政策和筹资政策的不同而有所差异。

经典示例

企业的现金流量构成

2019 年 10 月，北京 ×× 有限公司的现金流量情况如下：经营活动产生的现金流量占总现金流量的 65%，投资活动的现金流量占总现金流量的 20%，筹资活动的现金流量占总现金流量的 15%。

通过现金流量判断企业的财务报表是否存在舞弊行为的方法，即现金流量分析法。它是将企业某一个时期的经营活动、投资活

动、筹资活动的现金流量分别与当期的主营业务利润、投资收益以及净利润进行对比分析。在分析时，可以将企业不同时期的现金流量结构结合分析，以此掌握企业一段时期的现金流量的变动情况。一般来说，如果企业的净现金流低于净利润，并且较长时期持续低位，可能是企业一些已确认为利润的收入不能转化为现金，可能是企业在进行挂账利润操作，而非实现的利润，表示可能存在虚增利润情况。

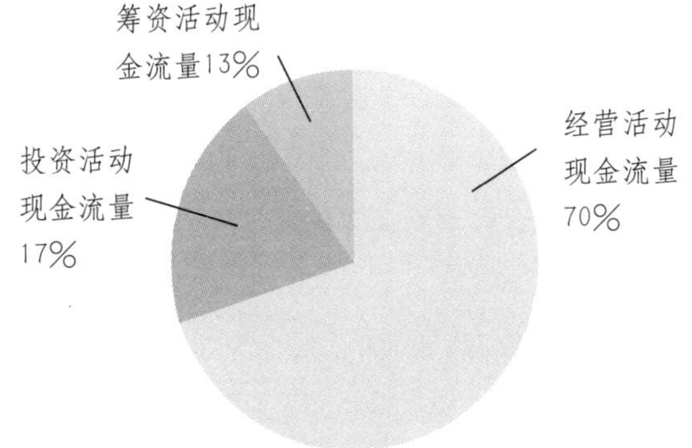

由上图可以看出，在企业的现金流量中，经营活动占总现金流量的主要组成部分，其次是投资活动和筹资活动。可以判断该企业的现金流量结构较为合理。如果不是特殊行业，经营活动现金流量不过半，即可以视为企业经营困难。如果现金流量结构很好，但是利润率不高，就可能存在舞弊。

专家点评

财务报表是一个系统，所以在一张报表上无法作假。

查看应收账款

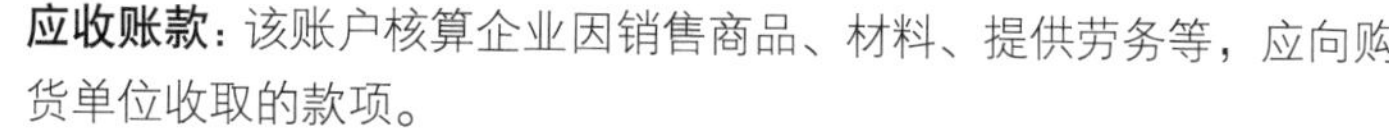

关键词：应收账款　应收账款周转率

应收账款：该账户核算企业因销售商品、材料、提供劳务等，应向购货单位收取的款项。

应收账款周转率：应收账款转变为现金的速率。

应收账款是财务舞弊中较常见的，也是最容易做文章的一个账户。因此，分析企业的财务报表时，需要多注意企业应收账款账户的变动以及存货的变动情况。一些企业为了做高利润，通常用的手段就是利用与关联企业对开发票的方式，增加虚拟收入。实际上并没有实现销售，也没有真正收到货款，通常只是挂在应收账款上，形成应收账款长期挂账。

经典示例

高先生在对一家地市级国企进行调查，确认是否将其作为合作伙伴的时候，发现奇怪的一点，该企业报表中每月的应收账款数量都相差不大。经过深入调查，他发现这笔应收账款是当地政府拖欠的，而且已经持续好几年了，本来就应该计入死账。但是这是上届领导留下来的“收入”，所以也就一直在应收账款中出现。这就是典型的非主动应收账款舞弊。

这种舞弊方法通常会有个明显的弊端，就是企业的存货会异常增多，但存货周转率则没有相应加快，反而会呈下降的趋势。而这些异常现象容易被税务师或投资者怀疑，企业为了掩盖这些问题，

应收账款

资产负债表

制表公司：北京××有限公司　　2019年12月31日　　单位：元

资产	2019年末	2019年初	增减金额	增减幅度
流动资产：				
货币资金	80 010.84	58 541.68	21 469.16	36.67%
结算备付金	157.38	322.87	-165.49	-51.26%
拆出资金	8 159.99	7 673.38	486.61	6.34%
交易性金融资产	5 080.27	4 902.99	177.28	3.62%
应收票据	2 035.35	2 248.51	-213.16	-9.48%
应收账款	29 200.98	29 648.39	-447.41	-1.51%
预付款项	3 824.67	3 586.41	238.26	6.64%
应收保费	132.57	130.53	2.04	1.56%
应收分保账款	49.29	39.68	9.61	24.22%
应收分保合同准备金	225.83	153.61	72.22	47.02%
应收利息	1 418.17	1 164.45	253.72	21.79%
其他应收款	2 105.18	2 089.24	15.94	0.76%
买入返售金融资产	14 485.48	13 262.57	1 222.91	9.22%
存货	17 464.04	15 191.70	2 272.34	14.96%
一年内到期的非流动资产	41.66	44.99	-3.33	-7.39%
其他流动资产	1 727.72	1 387.14	340.58	24.55%
流动资产合计	166 119.42	140 388.14	25 731.28	18.33%

往往会做一些手脚，试图转移这一漏洞。如将挂账的应收账款转到其他应收款或预付账款账户。如果是预付账款，则会通过关联企业将款项打出去，然后再让对方打回来，打回来时则做应收账款确认收入。

对旁观者来说，这种舞弊手段可以通过财务报表对比来确认。如果一家公司上月的应收账款是收入的主要组成部分，而下月的应收账款就变成了死账，而不是现金，那么说明上月的应收账款就是虚构的。

专家点评

大量死账存在，就不可能有好的应收账款周转率。所以，如果一张报表，死账很多，但是每月的应收账款变动不大，那就说明公司在作假。

查看存货

****

关键词：存货　存货周转率　子公司

存货：企业在日常活动中持有以备出售的产成品或商品、处在生产过程中的在产品、在生产过程或提供劳务过程中耗用的材料、物料等。

存货周转率：企业一定时期销货成本与平均存货余额的比率。

子公司：接受母公司领导，在法律上承担部分责任和义务的法人组织。

为了获取年薪或上级按其经营业绩考核给予的大额奖金，以及完成主管部门下达的经济指标或者其他如期权奖励、股权奖励等——为了年度财务报表更红火，财会人员会选择最隐蔽的舞弊手段——存货舞弊。

经典示例

仓库保管人员将库存商品私下销售，将销售款据为己有，然后采取故意将不同型号的产品串号、故意多计少计产品数量弄乱仓库账以掩盖账实不符，或者勾结财务人员采取调账的手法将账做平——这是最常见的低级存货舞弊。

存货舞弊方式一般有以下几种：

虚增虚减存货数量。比如将合格产品报废以虚减存货，无依据预估入账以虚增存货，将存货转列往来虚减存货，通过往来虚增销售、虚转成本以虚减存货，以非法购买的发票虚增存货。

不按配比原则归集和分配成本费用。如将应列入销售费用、管理费用的开支列入制造费用以加大存货的价值，将应列入制造费用的开支列入销售费用等，来调节存货的账面价值。

非法销售。主要是指高管人员或经管人员利用职务之便，将本单位的商品或材料私自销售，然后采取弄虚作假的办法，冲销商品或材料记录，将销售所得款项私设“小金库”或据为己有(贪污)。

通过操纵存货盘点掩盖存货舞弊。利用票据造成货物发送或者货物已到而票据没到的误差。

存货本身出现空壳现象，比如为了上级母公司核查，一些子公司会临时在公司仓库内购入大量的包装，然后将这些包装储存在众多存货的内部。这是最难于发现的作假手段，因为核查人员不可能挨个检查存货的种类、数量是否和存货单上的一致。不过为了不让这种错误的存货单误导自己，这种作假者在上交一份报表的时候，会同时准备一本秘密账簿。找到这本私账，一切问题迎刃而解。

专家点评

零存货理念深受皮包公司欢迎，因为利用纷繁复杂的信息手段，外人再也无法掌握其公司到底有没有存货了。

附录

企业会计准则——基本准则（2014年修订）

（2006年2月15日财政部令第33号公布，自2007年1月1日起施行。2014年7月23日根据《财政部关于修改<企业会计准则——基本准则>的决定》修改）

第一章　总则

第一条　为了规范企业会计确认、计量和报告行为，保证会计信息质量，根据《中华人民共和国会计法》和其他有关法律、行政法规，制定本准则。

第二条　本准则适用于在中华人民共和国境内设立的企业（包括公司，下同）。

第三条　企业会计准则包括基本准则和具体准则，具体准则的制定应当遵循本准则。

第四条　企业应当编制财务会计报告（又称财务报告，下同）。财务会计报告的目标是向财务会计报告使用者提供与企业财务状况、经营成果和现金流量等有关的会计信息，反映企业管理层受托责任履行情况，有助于财务会计报告使用者作出经济决策。财务会计报告使用者包括投资者、债权人、政府及其有关部门和社会公众等。

第五条　企业应当对其本身发生的交易或者事项进行会计确认、计量和报告。

第六条　企业会计确认、计量和报告应当以持续经营为前提。

第七条　企业应当划分会计期间，分期结算账目和编制财务会计报告。会计期间分为年度和中期。中期是指短于一个完整的会计年度的报告期间。

第八条　企业会计应当以货币计量。

第九条 企业应当以权责发生制为基础进行会计确认、计量和报告。

第十条 企业应当按照交易或者事项的经济特征确定会计要素。会计要素包括资产、负债、所有者权益、收入、费用和利润。

第十一条 企业应当采用借贷记账法记账。

第二章 会计信息质量要求

第十二条 企业应当以实际发生的交易或者事项为依据进行会计确认、计量和报告，如实反映符合确认和计量要求的各项会计要素及其他相关信息，保证会计信息真实可靠、内容完整。

第十三条 企业提供的会计信息应当与财务会计报告使用者的经济决策需要相关，有助于财务会计报告使用者对企业过去、现在或者未来的情况作出评价或者预测。

第十四条 企业提供的会计信息应当清晰明了，便于财务会计报告使用者理解和使用。

第十五条 企业提供的会计信息应当具有可比性。同一企业不同时期发生的相同或者相似的交易或者事项，应当采用一致的会计政策，不得随意变更。确需变更的，应当在附注中说明。不同企业发生的相同或者相似的交易或者事项，应当采用规定的会计政策，确保会计信息口径一致、相互可比。

第十六条 企业应当按照交易或者事项的经济实质进行会计确认、计量和报告，不应仅以交易或者事项的法律形式为依据。

第十七条 企业提供的会计信息应当反映与企业财务状况、经营成果和现金流量等有关的所有重要交易或者事项。

第十八条 企业对交易或者事项进行会计确认、计量和报告应当保持应有的谨慎，不应高估资产或者收益、低估负债或者费用。

第十九条 企业对于已经发生的交易或者事项，应当及时进行会计确认、计量和报告，不得提前或者延后。

第三章 资产

第二十条 资产是指企业过去的交易或者事项形成的、由企业拥有或者

控制的、预期会给企业带来经济利益的资源。前款所指的企业过去的交易或者事项包括购买、生产、建造行为或其他交易或者事项。预期在未来发生的交易或者事项不形成资产。由企业拥有或者控制，是指企业享有某项资源的所有权，或者虽然不享有某项资源的所有权，但该资源能被企业所控制。预期会给企业带来经济利益，是指直接或者间接导致现金和现金等价物流入企业的潜力。第二十一条　符合本准则第二十条规定的资产定义的资源，在同时满足以下条件时，确认为资产：

（一）与该资源有关的经济利益很可能流入企业；

（二）该资源的成本或者价值能够可靠地计量。

第二十二条　符合资产定义和资产确认条件的项目，应当列入资产负债表；符合资产定义、但不符合资产确认条件的项目，不应当列入资产负债表。

第四章　负债

第二十三条　负债是指企业过去的交易或者事项形成的、预期会导致经济利益流出企业的现时义务。现时义务是指企业在现行条件下已承担的义务。未来发生的交易或者事项形成的义务，不属于现时义务，不应当确认为负债。

第二十四条　符合本准则第二十三条规定的负债定义的义务，在同时满足以下条件时，确认为负债：

（一）与该义务有关的经济利益很可能流出企业；

（二）未来流出的经济利益的金额能够可靠地计量。

第二十五条　符合负债定义和负债确认条件的项目，应当列入资产负债表；符合负债定义、但不符合负债确认条件的项目，不应当列入资产负债表。

第五章　所有者权益

第二十六条　所有者权益是指企业资产扣除负债后由所有者享有的剩余权益。公司的所有者权益又称为股东权益。

第二十七条　所有者权益的来源包括所有者投入的资本、直接计入所有者权益的利得和损失、留存收益等。直接计入所有者权益的利得和损失，是指不应计入当期损益、会导致所有者权益发生增减变动的、与所有者投入资本或者向所有者分配利润无关的利得或者损失。利得是指由企业非日常活动所形成的、会导致所有者权益增加的、与所有者投入资本无关的经济利益的流入。损失是指由企业非日常活动所发生的、会导致所有者权益减少的、与向所有者分配利润无关的经济利益的流出。

第二十八条 所有者权益金额取决于资产和负债的计量。

第二十九条 所有者权益项目应当列入资产负债表。

第六章 收入

第三十条 收入是指企业在日常活动中形成的、会导致所有者权益增加的、与所有者投入资本无关的经济利益的总流入。

第三十一条 收入只有在经济利益很可能流入从而导致企业资产增加或者负债减少，且经济利益的流入额能够可靠计量时才能予以确认。

第三十二条 符合收入定义和收入确认条件的项目，应当列入利润表。

第七章 费用

第三十三条 费用是指企业在日常活动中发生的、会导致所有者权益减少的、与向所有者分配利润无关的经济利益的总流出。

第三十四条 费用只有在经济利益很可能流出从而导致企业资产减少或者负债增加，且经济利益的流出额能够可靠计量时才能予以确认。

第三十五条 企业为生产产品、提供劳务等发生的可归属于产品成本、劳务成本等的费用，应当在确认产品销售收入、劳务收入等时，将已销售产品、已提供劳务的成本等计入当期损益。企业发生的支出不产生经济利益的，或者即使能够产生经济利益但不符合或者不再符合资产确认条件的，应当在发生时确认为费用，计入当期损益。企业发生的交易或者事项导致其承担了一项负债而又不确认为一项资产的，应当在发生时确认为费用，计入当期损益。

第三十六条 符合费用定义和费用确认条件的项目，应当列入利润表。

第八章 利润

第三十七条 利润是指企业在一定会计期间的经营成果。利润包括收入

减去费用后的净额、直接计入当期利润的利得和损失等。

第三十八条 直接计入当期利润的利得和损失，是指应当计入当期损益、会导致所有者权益发生增减变动的、与所有者投入资本或者向所有者分配利润无关的利得或者损失。

第三十九条 利润金额取决于收入和费用、直接计入当期利润的利得和损失金额的计量。第四十条利润项目应当列入利润表。

第九章 会计计量

第四十一条 企业在将符合确认条件的会计要素登记入账并列报于会计报表及其附注（又称财务报表，下同）时，应当按照规定的会计计量属性进行计量，确定其金额。

第四十二条 会计计量属性主要包括：

（一）历史成本。在历史成本计量下，资产按照购置时支付的现金或者现金等价物的金额，或者按照购置资产时所付出的对价的公允价值计量。负债按照因承担现时义务而实际收到的款项或者资产的金额，或者承担现时义务的合同金额，或者按照日常活动中为偿还负债预期需要支付的现金或者现金等价物的金额计量。

（二）重置成本。在重置成本计量下，资产按照现在购买相同或者相似资产所需支付的现金或者现金等价物的金额计量。负债按照现在偿付该项债务所需支付的现金或者现金等价物的金额计量。

（三）可变现净值。在可变现净值计量下，资产按照其正常对外销售所能收到现金或者现金等价物的金额扣减该资产至完工时估计将要发生的成本、估计的销售费用以及相关税费后的金额计量。

（四）现值。在现值计量下，资产按照预计从其持续使用和最终处置中所产生的未来净现金流入量的折现金额计量。负债按照预计期限内需要偿还的未来净现金流出量的折现金额计量。

（五）公允价值。在公允价值计量下，资产和负债按照市场参与者在计量日发生的有序交易中，出售资产所能收到或者转移负债所需支付的价格计量。

第四十三条 企业在对会计要素进行计量时，一般应当采用历史成本，

采用重置成本、可变现净值、现值、公允价值计量的，应当保证所确定的会计要素金额能够取得并可靠计量。

第十章　财务会计报告

第四十四条　财务会计报告是指企业对外提供的反映企业某一特定日期的财务状况和某一会计期间的经营成果、现金流量等会计信息的文件。财务会计报告包括会计报表及其附注和其他应当在财务会计报告中披露的相关信息和资料。会计报表至少应当包括资产负债表、利润表、现金流量表等报表。小企业编制的会计报表可以不包括现金流量表。

第四十五条　资产负债表是指反映企业在某一特定日期的财务状况的会计报表。

第四十六条　利润表是指反映企业在一定会计期间的经营成果的会计报表。

第四十七条　现金流量表是指反映企业在一定会计期间的现金和现金等价物流入和流出的会计报表。

第四十八条　附注是指对在会计报表中列示项目所作的进一步说明，以及对未能在这些报表中列示项目的说明等。

第十一章　附则

第四十九条　本准则由财政部负责解释。

第五十条　本准则自2007年1月1日起施行。